スポーツSDGs概論

神谷 和義・林 恒宏 編著

Kamiya Kazuyoshi, Hayashi Tsunehiro

学術研究出版

　本書『スポーツSDGs概論』は、東京2020オリンピック・パラリンピック競技大会後のスポーツ界において重要なキーワードになると考えられる「スポーツSDGs」について、国内の様々な関係機関によるこれまでの取組を概観し、今後SDGsを掲げて取組を進めようとするスポーツ関係団体の参考とすることにより、スポーツSDGsの取組を推進することを目的とした入門書である。

　我が国のスポーツを巡る状況は、2020年2月頃から世界的に広がりを見せた新型コロナウイルスの影響により先の見えない不安に包まれている。世界各国で感染拡大防止のための国境封鎖や海外渡航制限などが広がり、3月下旬には東京2020大会の開催が翌年へと延期されるに至った。その後国内では全国に緊急事態宣言が発令され、命を守るための外出自粛と公共施設などの休業により、これまで当たり前のように与えられていた運動・スポーツの場が一瞬で奪われてしまうという体験をすることとなった。スポーツを「する」ことも「みる」こともできない状況の中で、多くのスポーツ関係者が「スポーツの価値とは何か」を改めて考えさせられたのである。このような混沌とした状況下で、オンラインでの新たなスポーツ活動を模索する動きが見られたが、5月25日の緊急事態宣言の解除以降、プロ野球やJリーグの無観客での開催や地域の公共施設の再開など、感染症対策の徹底を前提としながら少しずつスポーツ活動が再開され始め、"新しい日常"におけるスポーツのあり方について模索が続いている。

　本書を企画した背景は、東京2020オリンピック・パラリンピック競技大会以降の社会におけるスポーツの意義を考える上でのキーワードとして、国連が2015年に打ち出した「持続可能な開発目標（SDGs）」に着目したことである。スポーツ庁は、SDGsの達成にスポーツで貢献することを目指して「スポーツSDGs」という表現を2018年頃に使用

し始めたが、スポーツと SDGs を意識的に関連付けて取り組んでいる事例はまだまだ少なく、その状況を概観できる文献資料もほとんど見当たらない。こうした現状を踏まえれば、持続可能性や社会課題解決といった視点が国際的な動向としてスポーツにも求められている中で、我が国のスポーツ界も東京 2020 大会というメガイベントを契機として、その取組を加速的に進めることが重要であろう。そこで本書は、スポーツ SDGs という切り口でどのような取組が行われているのか、その "現在地" を整理（事例を収集）することにより、今後スポーツ SDGs を推進するため、その主体となるスポーツ関係団体が SDGs に関心を持って取り組む際の一助となることを念頭に置いている。その上で、読者の皆様には「スポーツ SDGs は目新しいものではなく、これまでの取組の中に既にそのエッセンスが含まれていること」「今後、SDGs を意識することで新たなネットワークと新たな価値の創造が期待されること」をメッセージとして伝えたいと考えている。

　本書全体の構成は、スポーツや SDGs について概説の（第 1 章～第 3 章）、SDGs に関する政策レベルの取組紹介（第 4、5 章）、スポーツ SDGs に関する関係団体等の取組紹介（第 6 章～第 17 章）、スポーツ SDGs と評価（第 18 章）の 4 つに分かれている。それぞれの章が個別のテーマで執筆されていることから、最初から通読する必要はなく、読者が興味関心のある章から読んでいただきたい。また、各章は様々な分野の研究者及び日々現場で事業に携わっている御担当の方々に執筆を依頼し、コロナ禍で本業が大変御多忙のところ御協力いただきまとめることができた。

　本書が、スポーツと SDGs やスポーツによる社会課題の解決について関心のある多くの皆様に活用され、スポーツ SDGs の推進の一助となれば幸いである。

目 次

スポーツとは

大正大学　地域創生学部
地域創生学科　准教授　　**林　恒宏**

　スポーツに関する話題をメディアで目にしない日は無い。プロスポーツから国際競技会、国内のアマチュアスポーツ、健康スポーツ、イベントなど話題に事欠くことは無い。また、余暇活動や健康への関心の高まり、部活動、自己実現のためなど「する」スポーツも盛んである。このようにスポーツは今や我々の社会において「非日常」から「日常」へと化し、人類に必要不可欠なものとなっている。

　スポーツは本来その行為自体を楽しむことこそが本質であった。しかし、いい悪いは別として時代によってスポーツはコミュニティや統治機構、企業などにより利用されてきた。それは教育のためであったり、労働者のガス抜きであったり、国威高揚であったり、健康増進のためであったり、ビジネスとしてなどである。

　ある意味本書のスポーツ SDGs もスポーツと社会課題解決との関係をメインに述べるのであるならば、スポーツを社会課題解決の「方法・手段」として利用するという文脈で理解される。そのような安易

な結論に至ることなく、読者諸氏が視点の広がりを持ってスポーツと社会課題の関係性について考えてもらう意味でも、いや、筆者自身が視点を整理する意味で、本章では今一度スポーツそのものについての整理を行っておきたい。

▌1．スポーツの語源

スポーツ（sport）はもともと英語ではない。その語源は古代ローマ人が使っていたラテン語の deportare と言われている。それがのちにフランスに入り、desporter、desport となり 11・12 世紀ごろにイギリスに渡り 16 世紀に語頭の de がとれて sport となり、19 世紀に世界に広まった。

もともとの deportare は、de は away、portare は carry の意味で「A から B に場所を移す」という意をなし、これが「心の状態を嫌な、暗い、塞いだ状態からそうでない状態に移す」、つまり「気晴らしをする、遊ぶ」という意味に転じた。

Sport はイギリスでは、山登りや女性を口説くこと、あるいは悪ふざけまで含まれたと言われていて、「自ら楽しむ」「気晴らし」「満足」「持ち去る」「移る」「なぐさみ」「気分転換」「まじめな仕事やつらい仕事から離れる」と様々な意に解されていた。

日本では、運動競技に類似した訳語は、Athletic sports の訳語としての運動会を経て、大正時代から sports を「競技」と訳すようになった。

2．スポーツの起源

スポーツの起源としては以下の3つがよく引き合いに出される。

(1)労働のための技術や道具から発生したという説

　　労働の生産性を高めるものとしての道具の使い方の練習などから
　　スポーツが分化していったと考える説

(2)儀式から発生したという説

　　古代文明発達以前の社会ではスポーツはもっぱら祭礼で、その多
　　くが儀式として行われていた。古代社会においてスポーツは信仰
　　であり、儀式であった。

(3)遊びから発生したという説

　　これまで、古代人は1日中食糧を探すことに追われ、余分な時間
　　はほとんどなかったと考えられていたが、各地の先住民の暮らし
　　を調査した結果、狩猟や採集に費やした時間は1日平均3時間程
　　度に過ぎず、それ以外の時間は余暇時間だったことがわかってき
　　た。余暇時間を利用して球技や格闘技、陸上競技などの近代ス
　　ポーツのもととなったものを楽しんだといわれている。

　これらの説はスポーツをヒトの固有な行動とみる立場から述べてい
る。だが、近年、起源として有力視されているのは、動物が本来持つメ
タコミュニケーション行動にあるという説である。子犬同士の噛みつ
きやじゃれあいや2頭のオスが群れの所有をめぐって行う真剣な戦
いなどが例としてある。動物のオス同士、時には流血するほどの激し
い噛みつきあいなどがあるが、一方が逃げるなどの敗北の意思表示を
すれば、勝者はそれ以上に相手を攻めることはしない。そこには「戦
いあうことは群れを奪うための行動であり、相手を殺してしまうまで

の行動ではない」という前提で行われている。また、子犬がじゃれあうのも、本当に相手を噛み殺したり怪我を負わせるということではなく、遊びであるという相互了解がある。こうした行動を可能にする情報交換をメタコミュニケーションと言う。

　スポーツがメタコミュニケーション行動にはじまることは、スポーツが、人類固有の営みではなく動物も共有する本能に由来することや平和や共存を前提に行われてきたものであることを伝えている。

3．古代スポーツ（古代オリンピックの始り）

　紀元前 8 世紀頃、古代ギリシャでは都市国家間の争いが続いていた。エーリス（古代ギリシャの地方）でも約 50km 離れたオリンピア（古代ギリシャの都市）という領地の所有権をめぐって、隣国のピサと争っていた。また、戦ばかりではなく、その当時感染症も流行していたので、エーリスの君主は行き詰まってデルフィにある神殿で祈りをささげた。すると、「争いをやめて、以前行っていた競技会を復活せよ」との神託を受けて、君主はピサと休戦し、紀元前 766 年にオリンピアで古代オリンピックの始りと言われる競技会を行った。

4．近代スポーツ

　18 世紀後半から 19 世紀にかけてイギリスでは産業革命がおこったことで近代社会が確立する。その担い手はブルジョワジー（中産階級または有産階級）と呼ばれる市民階級の人々であった。宗教的に解放され、政治的・経済的主導権を確立したブルジョワジーは、自由と平等を主張し、競争原理が支配する近代市民社会、資本主義社会を形

成していった。

　スポーツは中世まで娯楽あるいは伝統行事として行われていたが、競争原理、能力主義を信条とする近代ブルジョワジーによって大きく改変され、彼らはそれを自分たちの文化として楽しみ、擁護していった。19世紀になると、パブリックスクールにおいて、競技スポーツは教育の一環として行われ大きく発展した。競技スポーツとしてはクリケットやフットボールなどの集団スポーツが採用され、その中で「自由、自主、自律」や「スポーツマンシップ、チームスピリット」というイギリスのスポーツ文化を特徴づける行動規範が確立されていった。それからのちにパブリックスクールにおけるスポーツのルールは統一されていき、アメリカや西ヨーロッパへ広がっていった。クーベルタンはこれらの思想の刺激を受け、近代オリンピックを誕生させることになった。このように近代スポーツは、ブルジョワ階級の思想や価値観を含んだ競技スポーツとして産まれた。

5. 現代スポーツ

　20世紀は、産業革命下のイギリスで生まれた近代スポーツがオリンピックや国際競技会によりグローバル化し、国際的なスポーツが産まれた時代であった。人種や文化、社会制度が異なる様々な国々が国境を越えてスポーツで交流することができるようになった。スポーツが平和の象徴という存在感を示すことができるようになったのもこのようなスポーツによる国際交流の成果である。

　また、20世紀は女性がスポーツに進出した時代でもあった。近代スポーツは先に述べたように男子教育の一環として成長し、広まっていった。しかし女性の社会進出や男女平等の風潮の中で男性社会を基

本として行われてきたスポーツにも女性が選手として参加することができる環境が求められるようになった。

　21世紀ではパラリンピックなどの障がい者のための競技会やLGBTのための競技会、概ね30歳以上なら誰でも参加できるワールドマスターズゲームスなど多様なニーズのための競技会が開催されるようになった。

　また、昨今注目されている現象としてe-sportsの出現である。eスポーツとは「エレクトロニック・スポーツ (electronic sports)」の略称で、広義には、電子機器を用いて行う娯楽、競技、スポーツ全般を指す言葉であり、コンピューターゲーム、ビデオゲームを使ったスポーツ競技のことを指す。簡単に言ってしまうと、複数人のプレイヤーで対戦するゲームをスポーツとして解釈して「eスポーツ」と呼ぶ。eスポーツは基本的には指によるコントローラー操作によって行えることから障がい者や高齢者などが気軽に参加できるし、オンラインでの対戦も可能であることから世界中の対戦者と戦うことができる。コロナ禍においても行えることから今後の広がりが注目される。

6．スポーツと環境

　オリンピックなどの大きな国際競技会を開催しようとすると競技会場の建設のために森林を伐採したり海を埋め立てたりするなどの自然環境へ大きな負荷がかかる。また、開催期間中はわずか数週間の間に数百万人の観客が開催都市に集中する。そのため、大量のCO_2や処理能力をこえた生活排水、ゴミや廃棄物が生み出されるようになる。また、競技会場へのアクセスには自動車やバスが使われ、ここでも大量のCO_2や排気ガス、騒音が生み出されるようになる。このようにメガ

イベント化した現代のスポーツ大会は環境に大きな負荷を与える存在になった。

　スポーツ界がどのように環境と付き合うか、更には環境維持向上のために貢献できるかを検討するためにスポーツと環境の関わりのこれまでについて振り返る。

　1972年はスポーツ界にとって、また世界が地球規模で「環境」を真剣にとらえ行動を始めた年として、永く記憶されている。同年札幌で開催された第11回オリンピック冬季競技大会の恵庭岳ダウンヒルコースは、大会終了後、植林を行い原野に復元させる約束のもと設置され、約束通り札幌冬季大会組織委員会は植林を行った。1976年、第12回オリンピック冬季競技大会が開催される予定だったアメリカのデンバーが、大会開催を返上。経済問題の他、環境保護団体からの強力な抵抗・抗議に遭い、解決策が見出せなかったためといわれている。このため開催地は急きょオーストリアのインスブルックに変更された。1990年まで、国際オリンピック委員会（IOC）はさまざまな形で環境保全団体からの抵抗運動に遭っていたが、当時のサマランチIOC会長が、オリンピックムーブメントに環境保全を加えると提唱し、「スポーツと文化と環境」の3本柱となり、これまでの受け身の体制から積極的に環境保護に乗り出すことを打ち出した。

　1994 IOC創立100周年記念としてフランス（パリ）で行われた第12回オリンピックコングレスで「スポーツと環境」分科会を開催。オリンピック憲章に初めて「環境」についての項目が加えられた。1995第104次IOC総会（ブダペスト）ではスポーツと環境委員会が設置され、委員長にパル・シュミット氏が就任。同年、スイス（ローザンヌ）において、「第1回IOCスポーツと環境世界会議」を開催。1996オリンピック憲章に環境に関する項目、「持続可能な開発」が追加された。

このように国際社会においてスポーツと環境の関係が深まる中で JOC（日本オリンピック委員会）は 2006 年に「JOC 環境方針」を定めた。同方針では「オリンピック・ムーブメントを通じ、世界平和運動とスポーツ振興に寄与する目的に基づき、JOC 事務所の環境への取り組みを実践し、環境マネジメントシステムの継続的改善を行うことにより地球環境の保全に貢献する」ことを理念とし、① JOC 事務所において、電力の節減、紙の有効利用などの省資源及び資源のリサイクルを推進する。②新たに物品を調達するにあたってはグリーン購入を優先する。③環境に関する法的要求事項及び、その他の要求事項を遵守する。④環境の教育啓発活動の推進によって、全ての職員が環境方針を理解し、その実現に努めるとともに、環境方針を外部にも公表する。などを行動方針とした。また、JOC スポーツと環境・地域セミナーを開催するなど環境への取り組みを継続的に行っている。

　また、各オリンピック大会では具体的に以下のような環境への取り組みを積極的に行っている。

> ○自然エネルギーを競技場やインフラに利用
> ○グラウンドの散水やトイレに雨水の再利用
> ○自然環境（生態系）に配慮したスポーツ施設建設
> ○植林や植樹
> ○仮設スタンドを利用した既存施設の再利用
> ○競技会場でのゴミの分別
> ○スポーツ用品のリサイクル

このような国際競技会レベルの環境との関わりもさることながら、我々が日常で行うスポーツに関しても競技人口が増えればスポーツ施設の増設が必要となりメガイベント同様に環境開発がおこる。また、最近ではアウトドアスポーツの広がりから海や山、川などでのゴミの放置や生態系への影響なども起こっている。このような現状をどう改善していくかも重要なテーマである。

7.スポーツと国際協力

スポーツは言語以上に国境を越え、多くの人々がコミュニケーションをとることができるツールである。また、スポーツには教育の整備や健康増進など開発途上国で求められる機能を有する。ここではスポーツによる国際協力、開発について紹介する。

⑴スポーツによる開発とは？

スポーツを通じた開発は、一般的に国内で行われる「スポーツを通じた開発 (DTS: Development through Sport)」と 国際で行われる「スポーツを通じた様々な開発への試み (IDS: International Development through Sport)」に大別することができる。

DTS と IDS に関する根源的要素としては、①スポーツそのものを開発する「スポーツ開発」と②スポーツを手段として課題解決に取り組む「スポーツによる開発」、そして、③スポーツを触媒として情報を共有する「スポーツを通じた開発」の全てを合わせもった開発手法、分野、概念と表現できる。

DTS の活動は、各国で様々な取り組みが行われていますが、「地域でのスポーツ青少年団のゴミ拾い」から「スポーツによる企業人材の開発」、そして「総合型地域スポーツクラブによる地域コミュニティー

の再生」などが、それにあたる。

　IDS の活動には、「途上国のスポーツ団体支援」、「青年海外協力隊が各国で行う体育・スポーツ関連支援」、そして「国際スポーツ・チャリティー・イベント」などが挙げられる。

(2)スポーツを通じた国際開発の歴史

　スポーツの国際的組織「国際オリンピック委員会 (IOC)」は、1983 年からスポーツを通じて世界の健康と幸福な社会を目指す「Sport For All (SFA)」を宣言し、隔年で SFA 世界会議 (World Conference on Sport for All) を開催している。また、世界の多くが産業開発途上国 (途上国) であることから、オリンピック・ソリダリティ というプログラムを通して途上国に対するヒト・モノ・カネの支援を行っている。

　さらに「国際連合 (UN)」では、国際体育スポーツ憲章 (1978)、子どもの権利条約 (1989) を宣言するなど、スポーツの力を十分に理解した上での権利の向上を目指した活動を行っている。

　その 2 つの世界的な組織が初めての競演を果たしたのが、1972 年のミュンヘン五輪だが、その後、両者による様々な取り組みが行われている。また、IDS の有効性が認められるようになった 1993 年以降には、「IOC 傘下の各国際スポーツ連盟」と「UN グループ傘下の各国際協力機関」が次々と協力合意を締結し、2002 年に「国連諸機関連携平和と開発のためのスポーツ専門委員会」が発足する。2008 年には、「国連平和と開発のためのスポーツ事務所 (UNOSDP)」を国連の公式組織として設置することとなり、国連に留まらず、爆発的に世界での IDS を広げる結果を導いている。

●引用参考文献

(1) 教養としてのスポーツ科学, 早稲田大学スポーツ科学部編, 2005年, 大修館書店

(2) 改訂第二版　教養としてのスポーツ・身体文化, 國學院大學人間開発学部健康体育学科編, 2011年, 大修館書店

(3) よくわかるスポーツ文化論, 編著者井上俊・菊幸一, 2014年, ミネルヴァ書房

(4) 基礎から学ぶスポーツリテラシー, 編著者代表高橋健夫, 2015年, 大修館書店

(5) スポーツ社会学ノート現代スポーツ論, 丸山富雄編著, 2004年, 中央法規

(6) 公益財団法人日本オリンピック委員会公式サイト内「スポーツと環境」, https://www.joc.or.jp/eco/ (2020年7月1日閲覧)

(7) 一般財団法人加納治五郎記念国際スポーツ研究・交流センター公式サイト, http://100yearlegacy.org/Olympic_Movement/ids/ (2020年6月20日閲覧)

Chapter 2

国際協力とスポーツSDGs

大阪成蹊大学 経営学部
准教授 **藤森 梓**

1. 20世紀の国際協力体制

　「豊かで安定した社会の実現」は、人類共通のテーマである。この壮大なテーマに向かって第二次世界大戦後には、国連や国際復興銀行（後の世界銀行）といった国際機関を中心に世界規模の多国間援助体制が確立した。同時に、アジア・アフリカにおける植民地の独立を通して、いわゆる南北問題がクローズアップされ始めた。先進国から途上国という二国間援助の体制も確立した。

　1980年代以前の国際開発援助の形は、一国全体の経済開発に着目して行われるものが多かった。細かく見ていくと、1950年代から60年代にかけては、いわゆる「構造主義アプローチ」と言われるものが主流であった。具体的には、途上国における「市場の失敗」を前提とし、インフラ整備や資本蓄積といった手段を通して、途上国のマクロ経済に内在する問題を解決しようというものである。この時代の国際援助

は、国対国レベルで行われる形が多かった。

　やがて、1970年代に入ると、新古典派経済学をバックボーンにした、「市場原理」を重視した新しい国際援助の形が導入されるようになった。新古典派経済学の議論では、従来の政府主導型の開発政策によって市場での資源配分の歪みを生み出されていることが指摘され、経済自由化や比較優位構造に基づく輸出振興（輸出志向工業化政策）が提唱された。同時に、開発における人的資本の重要性が示され、教育分野など人材育成を目的とした投資についてもその必要性が認識されるようになった。加えて、1970年代より国際労働機関（International Labor Organization: ILO）によって、人間が最低限の生活を営む上で欠かすことのできないニーズである、「ベーシック・ヒューマン・ニーズ」という概念が提唱されるようになり、人間をターゲットとした開発が徐々に注目されるようになった。

　1980年代には債務危機に陥った国々に対する、国際通貨基金（International Monetary Fund: IMF）を中心とした資金援助プログラム、いわゆる「構造調整政策」が盛んに行われるようになる。この構造調整政策を支えたのも、やはり「ワシントン・コンセンサス」に代表される新古典派経済学の思想である。

　このような国際援助の形が大きく転換するのが、1990年代である。この時代、東西冷戦の終結やグローバリゼーションの進展といった、国際情勢をめぐる環境の変化があった。1990年に、国連開発計画（United Nations Development Programme: UNDP）より『人間開発報告（Human Development Reports）』が初めて公刊されるようになったことからもわかるように、国際援助の傾向は、国レベルを対象とした経済協力が主体のマクロ的なものから、人間を対象としたミクロ的なものへと変化しつつあった。特に、「人間開発」というキー

ワードが国際援助の中心的な概念として共有されるようになった[1]。

　こうした、「貧困撲滅」の流れを受けて、2000年9月に開催された国連ミレニアム・サミットで「国連ミレニアム宣言」が採択され、これを基に「ミレニアム開発目標 (Millennium Development Goals: MDGs)」が設定されることになる。

▌2. MDGs と SGDs

(1) MDGs と 21 世紀の国際協力

　MDGsは、2015年までの15年間に貧困を半減させることを目的として、2000年に掲げられた国際的な開発目標である。MDGsは、様々な国・国際機関・NGO等で共有され、21世紀の国際援助の方向性を決定づける、世界共通の目標として認識されるようになった。MDGsの基本コンセプトは、「人間の安全保障」であり、それを脅かす存在である貧困を撲滅することに重きを置いている。MDGsの特徴としては、表1に示した8つの項目、さらに21のターゲットにおいて具体的な数値目標が設定されていることである。いずれの項目も、「人間開発」という大きな目標に結びつくことが理解できる。

　こうした、「人間」そのものを開発の対象としたMDGsのコンセプトには、インドの経済学者・哲学者である、アマルティア・センの思想が大きな影響を与えている。センは、貧困撲滅の議論の中で「幸福の実現」と「人間の能力」の関係に着目した。

　センの提唱した有名な概念の一つとして、権原 (Entitlement) があ

1　人間開発の概念については、『人間開発報告』の創刊において主導的な役割を果たした、パキスタンの経済学者であるマブーブル・ウル・ハックによって初めて示された。

表1　MDGsの概要

ミレニアム開発目標 (MDGs) Millennium Development Goals

極度の貧困と飢餓の撲滅
- 1日1.25ドル未満で生活する人口の割合を半減させる
- 飢餓に苦しむ人口の割合を半減させる

妊産婦の健康の改善
- 妊産婦の死亡率を4分の1に削減する

初等教育の完全普及の達成
- すべての子どもが男女の区別なく初等教育の全課程を修了できるようにする

HIV/エイズ、マラリア、その他の疾病の蔓延の防止
- HIV/エイズの蔓延を阻止し、その後減少させる

ジェンダー平等推進と女性の地位向上
- すべての教育レベルにおける男女格差を解消する

環境の持続可能性確保
- 安全な飲料水と衛生施設を利用できない人口の割合を半減させる

乳幼児死亡率の削減
- 5歳未満児の死亡率を3分の1に削減する

開発のためのグローバルなパートナーシップの推進
- 民間部門と協力し、情報・通信分野の新技術による利益が得られるようにする

※　MDGsの8つのロゴは「(特活) ほっとけない　世界のまずしさ」が作成したもの

出所：外務省 (https://www.mofa.go.jp/mofaj/gaiko/oda/doukou/mdgs.html)

る。権原とは、入手可能な財の集合体、と定義されている。すなわち、人々がどれだけ財 (経済学では、消費することで人間の効用水準を高める、あらゆる物質・サービスのことを財と呼んでいる) を入手することができる能力を有しているかどうか、ということを重視した。つまり、個々人がいかにこの権原を持ち合わせているかによって、幸福を実現できるかどうかが決まるということである。また、貧困が発生するメカニズムについては、この権原が何かしらの要因で阻害されていることが要因であると考えることができる[2]。

　また、センは「潜在能力アプローチ (Capability Approach)」という考え方を提唱している。潜在能力アプローチにおいては、人間の基本的活動を「機能 (Function)」と捉え、各個人の「自由」な機能の選択によって幸福 (Well-being) が実現される、と提唱した。従来の経済学では、「財の所有」そのものが幸福を実現する手段と考えられてき

2　詳細は、Sen (1982) を参照されたい。

たが、潜在能力アプローチでは、「その所有する財を用いて何ができるのか（すなわち、潜在能力）」ということが重視されている。こうした議論から、貧困とは、この潜在能力の欠如からもたらされると考えることができる。つまり、個々の人間の潜在能力を高めることこそが貧困削減につながると言える。この潜在能力アプローチの概念は、直接的にMDGsの中に取り入れられることとなった[3]。

こうした、センの思想は、貧困と開発に関する議論に新たな視点を与えたと言える。このようにして、「貧困からの脱却」と「幸福の実現」を達成するための道筋が、MDGsによって示されたということである[4]。

(2) MDGsからSDGsへ

MDGsは多くの成果を残しつつも、幾つかの項目では目標が達成されないまま、2015年に終結した[5]。こうした問題点も含めて、ポストMDGs体制についての政府間交渉が2012年にリオデジャネイロで行われた「国連持続可能な開発会議（リオ＋20）」で開始された。そして、2015年9月、国連で開催された持続可能な開発サミットの場において、新たな政策目標である「持続可能な開発目標（Sustainable Development Goals: SDGs）」が採択された。SDGsの概要としては、17の項目に関するゴールとそれに至る169のターゲットが示されている。

このSDGsにおいては、特に「持続可能な開発」が大きなキーワー

3　詳細は、Sen (1999) を参照されたい。
4　センの思想全般に関しては、絵所・山崎 (2004) を参照されたい。
5　MDGsの評価については　国連ミレニアム開発目標報告2015
　　(https://www.unic.or.jp/news_press/info/14975) を参照されたい。

表2 SDGsの概要

出所：国連開発計画（UNDP）駐日代表事務所（https://www.jp.undp.org/content/
tokyo/ja/home/sustainable-development-goals.html）

ドとなっている。この持続可能性に関する議論は、1972年のローマ・
クラブのレポートである『The Limits to Growth（成長の限界）』に
遡ることができる。そもそも、ローマ・クラブとは、人類が直面する
様々な危機、例えば、公害問題や天然資源の枯渇問題、人口爆発など
の問題に対処するために、1970年に関連の有識者によって結成され
た民間組織である。時を同じくして1972年6月には、ストックホル
ムにて「国連人間環境会議（ストックホルム会議）」が開催され、地球
環境問題が人類共通の問題として認識されるきっかけとなった。この
頃から、経済成長と地球環境とのトレード・オフの関係が、国際的に
広く共有されるようになったと言える。
　なお、「持続可能な開発」という言葉自体は、「環境と開発に関する

世界委員会 (ブルントラント委員会)」が1987年に報告したレポートである『Our Common Future (我ら未来の共有)』において初めて用いられた。この中で、持続可能な開発については、「将来の世代のニーズを満たす能力を損なうことなく、今日の世代のニーズを満たすような開発」という定義が与えられた。

1990年代に入り、持続可能な開発というコンセプトは、具体的な行動計画として議論されるようになった。1992年にリオデジャネイロで開催された「環境と開発に関する国連会議 (地球サミット)」において、持続可能な開発に関する行動原則としての「環境と開発に関するリオ宣言」と行動計画としての「アジェンダ21」などが採択された。このようにして、持続可能な開発への道筋が示されたと言える。さらに2002年にヨハネスブルグにて開催された「持続可能な開発に関する世界首脳会議」を経て、「リオ + 20」につながった。

上述の通り、SDGsは、これまでの国際協力の場面で重要なテーマであった「人間開発」と、人類共通の問題である「持続可能な開発」という二つの理念が融合したものと言える。従来のMDGsにおいては、メインテーマは開発に関する諸問題であり、発展途上国＝主体国、先進国＝援助国というフレームワークであった。従って、MDGsにおいては、日本を含む先進国は、あくまでも外部からサポートする、というポジションであった。一方で、SDGsでは発展途上国のみならず、先進国に対しても主体的な取り組みが求められている。これは、SDGsが包括する諸問題は、もはや一国内の問題にとどまらず、グローバルイシューとして考えるべき問題、という認識によるものである。これを受けて、日本国内の企業や団体も積極的にSDGsの取り組みに参画するようになった。日本国内において、MDGsは一部の開発・援助関連の業界を除いて一般的な知名度が低かったが、SDGsの場合は世間

一般に広く認識されるようになった要因として、以上のような背景がある。

▌3．スポーツと国際協力

(1) 日本のスポーツ国際協力の体制

　スポーツ分野における国際協力は、地味ながらも長い歴史がある。スポーツは世界共通の普遍的な価値であるというメリットがある反面、貧困削減や社会厚生の改善への直接的な影響がわかりにくい。この点については、国連の「開発と平和のためのスポーツ国際ワーキンググループ (Sport for Development and Peace International Working Group)」では、スポーツによる国際協力を通した開発に関して、1.個人の開発、2.健康増進および疫病予防、3.ジェンダー格差の是正、4.社会の統合および社会資本の開発、5.平和構築および紛争の回避・解決、6.災害による精神の回復および生活の正常化、7.経済開発、8.コミュニケーションと社会参画、の各分野に効果があるとしている (Sport for Development and Peace International Working Group 2006)。また、斎藤 (2018) は国際開発におけるスポーツの効果として、教育的機能およびコミュニティ機能向上の2点を挙げている。とりわけ、個々の人間を対象とした領域が多く含まれていることが目立つ。特に、1990年代以降、国際協力の方向性が「人間開発」にシフトすることによって、スポーツによる国際協力は脚光を浴び始めた。

　そもそも、日本におけるスポーツ分野での国際協力は、1960年代より国際協力機構 (JICA) の青年海外協力隊やシニア海外ボランティア、草の根技術協力などを中心に行われてきた。1990年代に入り、人

間開発が重視され始めると同時に、スポーツによる国際協力について
も注目が集まるようになった。その他、様々なスポーツ団体やNGO
などによる国際協力も盛んに行われるようになった。しかしながら、
日本国内においては、スポーツによる国際協力を横断的に統括する機
能がなかったために、これらの活動はそれぞれ分断された形で行われ
てきた。

こうした状況に変化をもたらしたのが、"Sport for Tomorrow:
SFT" である。SFTは、日本政府が策定した「スポーツ基本計画」の中
に盛り込まれた日本によるスポーツ国際貢献事業である。具体的に
は、2014年からオリンピックイヤーである2020年の間に、発展途
上国を中心とした世界各地でスポーツを通した国際協力プログラムを
実施している。SFTの運営委員会にはスポーツ庁や外務省を中心に、
JICAを含む、様々な企業や学術機関が参画しており、産官学の包括的
に日本のスポーツ国際協力を統括している。

(2) SDGs時代におけるスポーツ国際協力のあり方

近年のスポーツ国際協力の形は、SDGsに対応したものとなってい
る。そもそも、持続可能な開発のための2030年アジェンダの中で、
スポーツの役割に関しては、「スポーツもまた、持続可能な開発におけ
る重要な鍵となるものである。我々は、スポーツが寛容性と尊厳を促
進することによる、開発および平和への寄与、また、健康、教育、社会
包摂的目標への貢献と同様、女性や若者、個人やコミュニティの能力
強化に寄与することを認識する。」(国連広報センターウェブサイト)
と言及されている。スポーツ分野における国際協力とSDGsの具体的
な関係については、国連広報センターにより、表3のようにまとめら
れている。

表3　SDGsとスポーツの関係

目標	内容	スポーツ関連の具体的なターゲット
1	あらゆる場所のあらゆる形態の貧困を終わらせる	スポーツは、幸せや、経済への参加、生産性、レジリエンスへとつながりうる、移転可能な社会面、雇用面、生活面でのスキルを教えたり、実践したりする手段として用いることができる。
2	飢餓を終わらせ、食料安全保障及び栄養改善を実現し、持続可能な農業を促進する	栄養と農業に関連するスポーツ・プログラムは、飢餓に取り組む食料プログラムや、この問題に関する教育を補完するうえで、適切な要素となりえる。対象者には、持続可能な食料生産やバランスの取れた食生活に取り組むよう、指導を行うことができる。
3	あらゆる年齢のすべての人々の健康的な生活を確保し、福祉を促進する	運動とスポーツは、アクティブなライフスタイルや精神的な安寧の重要な要素である。非伝染性疾病などのリスク予防に貢献したり、性と生殖その他の健康問題に関する教育ツールとしての役割を果たしたりすることもできる。
4	すべての人々への包摂的かつ公正な質の高い教育を提供し、生涯学習の機会を促進する	体育とスポーツ活動は、就学年齢児童の正規教育システムにおける就学率や出席率、さらには成績を高めることができる。スポーツを中心とするプログラムは、初等・中等教育以後の学習機会や、雇用面や社会生活でも応用できるスキルの取得に向けた基盤にもなりえる。
5	ジェンダー平等を達成し、すべての女性及び女児の能力強化を行う	スポーツを中心とする取り組みやプログラムが、女性と女児に社会進出を可能にする知識やスキルを身に着けさせる潜在的可能性を備えている場合、ジェンダーの平等と、その実現に向けた規範や意識の変革は、スポーツとの関連で進めることもできる。
6	すべての人々の水と衛生の利用可能性と持続可能な管理を確保する	スポーツは、水衛生の要件や管理に関するメッセージを発信するための効果的な教育基盤といえる。スポーツを中心とするプログラムの活動と意図される成果を、水の利用可能性と関連づけることによって、この問題の改善を図ることもできる。
7	すべての人々の、安価かつ信頼できる持続可能な近代的エネルギーへのアクセスを確保する	スポーツのプログラムと活動を、省エネの話し合いと推進の場として利用すれば、エネルギー供給システムと、これに対するアクセスの改善をねらいとする取り組みを支援できる。
8	包摂的かつ持続可能な経済成長及びすべての人々の完全かつ生産的な雇用と働きがいのある人間らしい雇用（ディーセント・ワーク）を促進する	スポーツ産業・事業の生産、労働市場、職業訓練は、女性や障害者などの社会的弱者集団を含め、雇用可能性の向上と雇用増大の機会を提供する。この枠組みにおいて、スポーツはより幅広いコミュニティを動員し、スポーツ関連の経済活動を成長させる動機にもなる。
9	強靭（レジリエント）なインフラ構築、包摂的かつ持続可能な産業化の促進及びイノベーションの推進を図る	レジリエンスと工業化のニーズは、災害後のスポーツ・娯楽用施設の再建など、関連の開発目標の達成をねらいとするスポーツ中心の取り組みによって、一部充足できる。スポーツはこれまで、開発に向けたその他従来型のツールを補完し、開発と平和を推進するための革新的な手段として認識されており、実際にもそのような形で利用されてきた。
10	各国内及び各国間の不平等を是正する	開発途上国におけるスポーツの振興と、スポーツを通じた開発は、途上国間および先進国との格差を縮めることに貢献する。スポーツは、その人気と好意度の高さにより、手を差し伸べることが難しい地域や人々の不平等に取り組むのに適したツールといえる。

目標	内容	スポーツ関連の具体的なターゲット
11	包摂的で安全かつ強靱（レジリエント）で持続可能な都市及び人間居住を実現する	スポーツにおける包摂と、スポーツを通じた包摂は、「開発と平和のためのスポーツ」の主なターゲットのひとつとなっている。気軽に利用できるスポーツ施設やサービスは、この目標の達成に資するだけでなく、他の方面での施策で包摂的かつレジリエントな手法を採用する際のグッドプラクティスの模範例にもなりえる。
12	持続可能な生産消費形態を確保する	スポーツ用品の生産と提供に持続可能な基準を取り入れれば、その他の産業の消費と生産のパターンで、さらに幅広く持続可能なアプローチを採用することに役立つ。この目的を有するメッセージやキャンペーンは、スポーツ用品やサービス、イベントを通じて広めることができる。
13	気候変動及びその影響を軽減するための緊急対策を講じる	観光を伴う大型スポーツ・イベントをはじめとするスポーツ活動やプログラム、イベントでは、環境の持続可能性についての認識と知識を高めることをねらいとした要素を組み入れるとともに、気候課題への積極的な対応を進めることができる。また、被災者の間に絆と一体感を生み出すことで、災害後の復興プロセスを促進することも可能である。
14	持続可能な開発のために海洋・海洋資源を保全し、持続可能な形で利用する	水上競技など、スポーツ活動と海洋とのつながりを活用すれば、スポーツだけでなく、その他の分野でも、海洋資源の保全と持続可能な利用を提唱できる。
15	陸域生態系の保護、回復、持続可能な利用の推進、持続可能な森林の経営、砂漠化への対処、ならびに土地の劣化の阻止・回復及び生物多様性の損失を阻止する	スポーツは、陸上生態系の保全について教育し、これを提唱する基盤となりえる。屋外スポーツには、陸上生態系の持続可能で環境にやさしい利用を推進するセーフガードや活動、メッセージを取り入れることもできる。
16	持続可能な開発のための平和で包摂的な社会を促進し、すべての人々に司法へのアクセスを提供し、あらゆるレベルにおいて効果的で説明責任のある包摂的な制度を構築する	スポーツは復興後の社会再建や分裂したコミュニティの統合、戦争関連のトラウマからの立ち直りにも役立つことがある。このようなプロセスでは、スポーツ関連のプログラムやイベントが、社会的に隔絶された集団に手を差し伸べ、交流のためのシナリオを提供することで、相互理解や和解、一体性、平和の文化を推進するためのコミュニケーション基盤の役割を果たすことができる。
17	持続可能な開発のための実施手段を強化し、グローバル・パートナーシップを活性化する	スポーツは、ターゲットを絞った開発目標に現実味を与え、その実現に向けた具体的前進を達成するための効果的手段としての役割を果たす。スポーツ界は、このような活動の遂行その他を通じ、草の根からプロのレベルに、また、民間から公共セクターに至るまで、スポーツを持続可能な開発に活用するという共通の目的を持つ多種多様なパートナーやステークホルダーの強力なネットワークを提供できる。

出所：国際連合広報センター（http://www.unic.or.jp/news_press/features_backgrounders/18389）より筆者作成

　こうした点から、SDGsフレームワークの中で、スポーツの役割が重視されているということが理解できる。また、日本政府の立場とし

ても、スポーツ庁が策定した「スポーツ国際戦略」の中で、同庁が目標とする方向性について、SDGsのコンセプトを重視することが記載されおり、SFT等の日本におけるスポーツ国際協力のあり方にも大きな影響を与えていることがわかる。このように、近年日本においてスポーツ国際協力の形が統合され、有機的かつ効率的な活動が行われていることについては、SDGsの存在が強く関係していると考えられる。

●引用・参考文献

Meadows, D. H., Meadows, D. L., Randers Jorgen & Behrens Ⅲ, William W. (1972). The Limits to Growth: A Report for the Club of Rome's Project on the Predicament of Mankind, Universal Books.

Sen, A. K. (1982). Poverty and Famines: An Essay on Entitlement and Deprivation, Oxford University Press.

Sen, A. K. (1999). Development as Freedom. Oxford University Press

United Nations Development Programme (1990). Human Development Report (HDR). Oxford University Press.

Sport for Development and Peace International Working Group. (2006). Governing Principles.

World Commission on Environment and Development. (1987). Our Common Future, Oxford University Press.

絵所秀紀、山崎幸治編著『アマルティア・センの世界 ― 経済学と開発研究の架橋』晃洋書房、2004

齊藤一彦 (2018) スポーツと開発：身体と心が拓く、未来。mundi　2018年6月号、国際協力機構 (JICA)。

Chapter 3

スポーツとSDGs

独立行政法人日本スポーツ振興センター
施設整備室 主幹　　神谷　和義

1. 国際社会におけるスポーツと SDGs

(1)「持続可能な開発のための 2030 アジェンダ」におけるスポーツへの期待

①「ツール」としてのスポーツ

　近年、スポーツを通じた国際平和や国際貢献への関心が高まり、スポーツが開発や人道支援、平和構築の推進に当たって非常に有効なツールであるということが認知されてきている。国連においては、持続可能な開発目標（SDGs）を含む国連の基本文書である「持続可能な開発のための 2030 アジェンダ」（以下「2030 アジェンダ」という。）が 2015 年に採択される前から、SDGs の前身であるミレニアム開発目標（MDGs）で課題とされていたジェンダー平等や HIV/ エイズとの闘いなどを含め、開発と平和を前進させるためにスポーツや身体活動を活用することの意義が認められてきた。国連内でこの中心的な

役割を担ってきたのは国連開発と平和のためのスポーツ局 (United Nations Office on Sport for Development and Peace：UNOS-DP) である。UNOSDP は、スポーツを教育と健康のためのツールとして利用することに関心を持つすべて関係者に分野横断的かつ学際的な交流を奨励するとともに、世界各地で開発と平和のためのスポーツ (Sport for Development and Peace：SDP) に関わる活動を支援してきた。このような流れは SDGs においても引き継がれており、スポーツと SDGs は非常に密接な関係にあると言える。

　実際、2030 アジェンダは、スポーツについて次のように言及し、SDGs 達成に向けた取組を進める上でのスポーツの貢献に大きな期待を寄せている。

「スポーツもまた、持続可能な開発における重要な鍵となるものである。我々は、スポーツが寛容性と尊厳を促進することによる、開発及び平和への寄与、また、健康、教育、社会包摂的目標への貢献と同様、女性や若者、個人やコミュニティの能力強化に寄与することを認識する。」[1]

　スポーツは SDGs を達成するための有効なツール (手段) であり、それは、スポーツが持つ多様な価値が、SDGs に掲げられている健康、教育、平等、平和、ネットワーク構築など、持続可能性の基盤となる課題の克服に対して大きな貢献ができるものであるという考え方が根底にある。このように、スポーツは SDGs の 17 項目それぞれの達成に向けた強力な「ツール」として、SDGs に強く結び付けられているのである。

② SDGs の各目標とスポーツによる貢献

前述のとおり、スポーツは SDGs を達成するために重要な鍵を握っている。SDGs の各目標に対しスポーツがどのように貢献し得るのか（言い換えれば、スポーツに対する"期待"）については、国際連合広報センターのホームページに記載されている[2]。その内容を整理すると表1のとおりである。

表1　SDGs とスポーツの貢献

目標	スポーツによる貢献
目標1： あらゆる場所で、あらゆる形態の貧困に終止符を打つ	スポーツは、幸せや、経済への参加、生産性、レジリエンスへとつながりうる、移転可能な社会面、雇用面、生活面でのスキルを教えたり、実践したりする手段として用いることができます。
目標2： 飢餓に終止符を打ち、食料の安定確保と栄養状態の改善を達成するとともに、持続可能な農業を推進する	栄養と農業に関連するスポーツ・プログラムは、飢餓に取り組む食料プログラムや、この問題に関する教育を補完するうえで、適切な要素となりえます。対象者には、持続可能な食料生産やバランスの取れた食生活に取り組むよう、指導を行うことができます。
目標3： あらゆる年齢のすべての人々の健康的な生活を確保し、福祉を推進する	運動とスポーツは、アクティブなライフスタイルや精神的な安寧の重要な要素です。非伝染性疾病などのリスク予防に貢献したり、性と生殖その他の健康問題に関する教育ツールとしての役割を果たしたりすることもできます。
目標4： 全ての人々に包摂的かつ公平で質の高い教育を提供し、生涯学習の機会を促進する	体育とスポーツ活動は、就学年齢児童の正規教育システムにおける就学率や出席率、さらには成績を高めることができます。スポーツを中心とするプログラムは、初等・中等教育以後の学習機会や、職場や社会生活でも応用できるスキルの取得に向けた基盤にもなりえます。
目標5： ジェンダーの平等を達成し、すべての女性と女児のエンパワーメントを図る	スポーツを中心とする取り組みやプログラムが、女性と女児に社会進出を可能にする知識やスキルを身に着けさせる潜在的可能性を備えている場合、ジェンダーの平等と、その実現に向けた規範や意識の変革は、スポーツとの関連で進めることもできます。
目標6： すべての人々に水と衛生へのアクセスと持続可能な管理を確保する	スポーツは、水衛生の要件や管理に関するメッセージを発信するための効果的な教育基盤となりえます。スポーツを中心とするプログラムの活動と意図される成果を、水の利用可能性と関連づけることによって、この問題の改善を図ることもできます。
目標7： すべての人々に手ごろで信頼でき、持続可能かつ近代的なエネルギーへのアクセスを確保する	スポーツのプログラムと活動を、省エネの話し合いと推進の場として利用すれば、エネルギー供給システムと、これに対するアクセスの改善をねらいとする取り組みを支援できます。
目標8： すべての人々のための持続的、包摂的かつ持続可能な経済成長、生産的な完全雇用およびディーセント・ワークを推進する	スポーツ産業・事業の生産、労働市場、職業訓練は、女性や障害者などの社会的弱者集団を含め、雇用可能性の向上と雇用増大の機会を提供します。この枠組みにおいて、スポーツはより幅広いコミュニティを動員し、スポーツ関連の経済活動を成長させる動機にもなります。

目標	スポーツによる貢献
目標9： レジリエントなインフラを整備し、包摂的で持続可能な産業化を推進するとともに、イノベーションの拡大を図る	レジリエンスと工業化のニーズは、災害後のスポーツ・娯楽用施設の再建など、関連の開発目標の達成をねらいとするスポーツ中心の取り組みによって、一部充足できます。スポーツはこれまで、開発に向けたその他従来型のツールを補完し、開発と平和を推進するための革新的な手段として認識されており、実際にもそのような形で利用されてきました。
目標10： 国内および国家間の不平等を是正する	開発途上国におけるスポーツの振興と、スポーツを通じた開発は、途上国間および先進国との格差を縮めることに貢献します。スポーツは、その人気と好感度の高さにより、手を差し伸べることが難しい地域や人々の不平等に取り組むのに適したツールといえます。
目標11： 都市と人間の居住地を包摂的、安全、レジリエントかつ持続可能にする	スポーツにおける包摂と、スポーツを通じた包摂は、「開発と平和のためのスポーツ」の主なターゲットのひとつになっています。気軽に利用できるスポーツ施設やサービスは、この目標の達成に資するだけでなく、他の方面での施策で包摂的かつレジリエントな手法を採用する際のグッドプラクティスの模範例にもなります。
目標12： 持続可能な消費と生産のパターンを確保する	スポーツ用品の生産と提供に持続可能な基準を取り入れれば、その他の産業の消費と生産のパターンで、さらに幅広く持続可能なアプローチを採用することに役立ちます。この目的を有するメッセージやキャンペーンは、スポーツ用品やサービス、イベントを通じて広めることができます。
目標13： 気候変動とその影響に立ち向かうため、緊急対策を取る	観光を伴う大型スポーツ・イベントをはじめとするスポーツ活動やプログラム、イベントでは、環境の持続可能性についての認識と知識を高めることをねらいとした要素を組み入れるとともに、気候課題への積極的な対応を進めることができます。また、被災者の間に絆と一体感を生み出すことで、災害後の復興プロセスを促進することも可能です。
目標14： 海洋と海洋資源を持続可能な開発に向けて保全し、持続可能な形で利用する	水上競技など、スポーツ活動と海洋とのつながりを活用すれば、スポーツだけでなく、その他の分野でも、海洋資源の保全と持続可能な利用を提唱できます。
目標15： 陸上生態系の保護、回復および持続可能な利用の推進、森林の持続可能な管理、砂漠化への対処、土地劣化の阻止及び逆転、ならびに生物多様性損失の阻止を図る	スポーツは、陸上生態系の保全について教育し、これを提唱する基盤となりえます。屋外スポーツには、陸上生態系の持続可能で環境にやさしい利用を推進するセーフガードや活動、メッセージを取り入れることもできます。
目標16： 持続可能な開発に向けて平和で包摂的な社会を推進し、すべての人々に司法へのアクセスを提供するとともに、あらゆるレベルにおいて効果的で責任のある包摂的な制度を構築する	スポーツは復興後の社会再建や分裂したコミュニティの統合、戦争関連のトラウマの立ち直りにも役立つことがあります。このようなプロセスでは、スポーツ関連のプログラムやイベントが、社会的に隔絶された集団に手を差し伸べ、交流のためのシナリオを提供することで、相互理解や和解、一体性、平和の文化を推進するためのコミュニケーション基盤の役割を果たすことができます。
目標17： 持続可能な開発に向けて実施手段を強化し、グローバル・パートナーシップを活性化する	スポーツは、ターゲットを絞った開発目標に現実味を与え、その実現に向けた具体的前進を達成するための効果的手段としての役割を果たします。スポーツ界は、このような活動の遂行その他を通じ、草の根からプロのレベルに、また、民間から公共セクターに至るまで、スポーツを持続可能な開発という共通の目的を持つ多種多様なパートナーやステークホルダーの強力なネットワークを提供できます。

（出所）国連広報センターHP（https://www.unic.or.jp/news_press/features_backgrounders/18389/）の記載を基に筆者作成

これらを概観すると、スポーツがSDGsにアプローチする方法として大きく２つに集約されると考えられる。一つは、スポーツがツールとして機能することにより波及効果が生まれ、SDGsの取組を効果的に推進（普及啓発）できること、もう一つは、スポーツ・プログラムなどの実施を通じてスポーツそのものを充実させることにより、それ自体がSDGsに関する取組として機能することである。前者に関しては、例えば目標１「あらゆる場所で、あらゆる形態の貧困に終止符を打つ」に対して、「スポーツは、幸せや、経済への参加、生産性、レジリエンスへとつながりうる、移転可能な社会面、雇用面、生活面でのスキルを教えたり、実践したりする手段として用いることができます。」とされており、貧困を防ぐために求められるスキルを教えたりするための手段として、スポーツに期待していることがわかる。また、目標17「持続可能な開発に向けて実施手段を強化し、グローバル・パートナーシップを活性化する」に対しては、「スポーツは、ターゲットを絞った開発目標に現実味を与え、その実現に向けた具体的前進を達成するための効果的手段としての役割を果たします。」と、より直接的にツールとしてのスポーツへの期待が述べられている。一方、目標４「全ての人々に包摂的かつ公平で質の高い教育を提供し、生涯学習の機会を促進する」は、「体育とスポーツ活動は、就学年齢児童の正規教育システムにおける就学率や出席率、さらには成績を高めることができます。スポーツを中心とするプログラムは、初等・中等教育以後の学習機会や、職場や社会生活でも応用できるスキルの取得に向けた基盤にもなりえます。」と述べているように、体育・スポーツ活動の推進・充実が直接的に公平で質の高い教育を提供することにつながるのである。このように、達成しようとする目標に応じてスポーツは様々な関り方があると思われる。その上で、厳密にこれらを分けて考えること

が重要ということではなく、例えば目標3、10、11などのように、どちらの側面も包含しながらスポーツを通じてより効果的にSDGsの達成に向けて取り組んでいくことが期待される。

⑵ SDGsに向けた具体的なアクション〜「スポーツを通じた気候行動枠組み」〜

SDGsに向けた具体的な行動の一例として、スポーツ界と国連の協働により進められている気候変動対策に関する取組を紹介したい。

2018年12月11日、スポーツ界と国連気候変動枠組条約（UN-FCCC）事務局は、気候変動に関するパリ協定（2015年12月採択）の目標達成に向けた取組にスポーツ関係者を結集するため、「スポーツを通じた気候行動枠組み」（Sports for Climate Action Framework）を立ち上げた[3]。この背景には、気候変動の影響はスポーツの側から見ても深刻であり、スポーツが関連の移動やエネルギー利用、施設の建設や食事の手配などを通じ、気候変動を大きく助長しているという側面と、暖冬による雪不足、異常気象によるスポーツイベントへの影響、熱中症の危険など、気候変動がスポーツに負の影響を与えるという側面の双方が無視できないレベルにあるという問題意識がある。また同時に、スポーツにはグローバルなリーチ、訴求力、全世界で数百万人の人々を鼓舞し影響力を及ぼす力があるとして、スポーツの力を借りて気候変動対策をグローバルに推進することができるというUNFCCC事務局の期待もあった[4]。ここでも、スポーツをツールとして活用しかつパートナーとして協働することにより、気候変動枠組みというSDGsの達成にもつながるという2030アジェンダの思想を見て取ることができる。

「スポーツを通じた気候行動枠組み」の内容を見ると、まずスポーツ

を通じた気候行動に基づく活動には2つの包括的な目標が示されており、スポーツが気候変動の問題に主体的に関わっていく意思と、スポーツが重要なツールであるという認識が端的に示されている。

(a)気温上昇を2℃よりもはるかに低く抑えるという、パリ協定に定めるシナリオに沿い、温室効果ガス排出量を計測、削減および報告することを含め、検証済みの基準に基づく約束とパートナーシップを通じ、全世界のスポーツ関係者が気候変動と闘うための明確な道のりを作り上げること
(b)地球市民の気候変動への認識と行動を推進するための結束を図るツールとして、スポーツを活用すること

　また、スポーツを通じた気候行動に参画するスポーツ団体が遵守するべき5つの原則が「スポーツを通じた気候行動原則」として示されている。

(a)原則1：より大きな環境責任を担うため、組織的な取り組みを行う。
(b)原則2：気候変動の全般的な影響を削減する。
(c)原則3：気候変動対策のための教育を行う。
(d)原則4：持続可能な責任ある消費を推進する。
(e)原則5：情報発信を通じ、気候変動対策を求める。

　スポーツ団体には、これらの原則を守り、スポーツ団体が自らの組織や行事で与えている影響を温室効果ガスの排出量などにより測定し現状を把握するとともに、気候変動に対する具体的な取組を実行に移すことが求められている。この「スポーツを通じた気候行動枠組み」

に定められた原則を受け入れることを表明し署名したのは、国際オリンピック委員会 (IOC) や国際サッカー連盟 (FIFA) を含め 17 の組織であり、参加署名団体としてその中心的な役割を果たしていくことが期待されている。この中には日本のスポーツ団体も含まれており、株式会社 AC 福島ユナイテッド、鎌倉インターナショナル FC、京都大学アメリカンフットボール部、京都大学サッカー部、佐野高校ラグビー部、東北アイスホッケークラブ株式会社 (フリーブレイズ)、東京オリンピック・パラリンピック競技大会組織委員会の 7 団体と全体の多数を占めていた。その後、参加署名団体は増え、現在は日本のヴァンフォーレ山梨スポーツクラブ (サッカー J リーグのヴァンフォーレ甲府の運営会社) ジャパン SailGP チームも参加しており、世界全体では 114 団体 (2020 年 3 月時点) にまで広がっている[5]。ヴァンフォーレ甲府は、ホームゲームにおけるリユース食器の導入やグリーン電力を使った試合開催などにより、二酸化炭素 (CO_2) の排出削減に向けた活動を地域と連携しながら進めており、最近ではチーム活動で排出される CO_2 の量を数値化する取組も始めるなど注目をされている。社会的に影響力のあるプロのチームがこのような対策に取り組むことは意義が大きい。また、世界的なスポーツ統括団体である IOC や FIFA と並んで、日本の大学・高校の運動部も署名していることは気候変動問題についての意識の高さを示しており、グラスルーツレベルでもこうした世界的な環境課題に対する関心がさらに高まっていくことが重要である。SDGs に対する関心の高まりとともに、国内の他のスポーツ団体でもこのような気候変動に対する取組はさらに広がっていくことが期待される。

2. 国内におけるスポーツとSDGs

⑴政府の取組〜「SDGsアクションプラン」〜

　SDGsの取組を推進するため、政府は2016年12月、持続可能な開発目標（SDGs）推進本部（本部長：内閣総理大臣）において「持続可能な開発目標（SDGs）実施指針」を決定し、SDGsに率先して取り組むこととした。また、2019年12月には「SDGs 実施指針改定版」を決定し、取組をより一層加速させている。この実施指針では、我が国は課題解決先進国としてSDGsの実施に向けた模範を国際社会に示してきたことを踏まえ、持続可能性に関しても引き続き世界のロールモデルとなり日本の「SDGsモデル」を世界に発信していくというビジョンを示した。そして、具体的に2030アジェンダに掲げられた5つのP（People（人間）、Planet（地球）、Prosperity（繁栄）、Peace（平和）、Partnership（パートナーシップ））に対応させた8つの分野の優先課題を掲げるとともに、それぞれの優先課題に関して推進される具体的な施策等を記載したアクションプランを持続可能な開発目標（SDGs）推進本部において策定することとなった。

　このアクションプランは、2017年12月に初めて「SDGsアクションプラン2018」が策定され、以後、拡大版としての更新を挟みながら毎年策定されている。このアクションプランの中でのスポーツに関連する記載内容を整理すると、表2のとおりである。最初のアクションプランである2018以降、2020年東京オリンピック・パラリンピック競技大会に関する取組と、オリンピック・パラリンピック招致において打ち出されたスポーツを通じた国際貢献事業であるスポーツ・フォー・トゥモローの推進が柱となっている。そして、アクションプラン2019で初めてスポーツSDGsの推進が打ち出され、さらにア

表2　SDGsアクションプランにおけるスポーツ関連の記載

「SDGs実施指針」	テーマ	SDGsアクションプラン2018 (2017年12月)	拡大版SDGsアクションプラン2018 (2018年6月)	SDGsアクションプラン2019 (2018年12月)	拡大版SDGsアクションプラン2019 (2019年6月)	SDGsアクションプラン2020 (2019年12月)
日本の「SDGsモデル」の方向性	Ⅱ SDGsを原動力とした地方創生、強靭かつ環境にやさしい魅力的なまちづくり	東京オリンピック・パラリンピック開催準備や万博開催を通じて、SDGsの認知度向上と実施を推進	2020年東京オリンピック・パラリンピック競技大会をSDGs五輪に	2020年東京オリンピック・パラリンピック競技大会、2025年大阪・関西万博を通じたSDGsの推進	2020年東京オリンピック・パラリンピック競技大会、2025年大阪・関西万博の運営、開催を通じたSDGの推進	東京オリンピック・パラリンピックに向けた持続可能性の配慮
	Ⅲ SDGsの担い手としての次世代・女性のエンパワーメント					東京オリンピック・パラリンピックを通じたスポーツSDGsの推進
①あらゆる人々の活躍の推進	若者・子供、女性に対する国際協力	○スポーツ・フォー・トゥモローの推進	○スポーツ・フォー・トゥモローの推進	○スポーツ・フォー・トゥモローの推進	○スポーツ・フォー・トゥモローの推進	○スポーツ・フォー・トゥモローの推進
	スポーツSDGsの推進			○スポーツSDGsの推進		○スポーツSDGsの推進
⑤省・再生可能エネルギー、気候変動対策、循環型社会		○2020年東京オリンピック・パラリンピック競技大会に向けた持続可能性の配慮 ・「持続可能性に配慮した運営計画」 ・「持続可能性に配慮した調達コード」 ・「都市鉱山からつくる!みんなのメダルプロジェクト」	○2020年東京オリンピック・パラリンピック競技大会に向けた持続可能性の配慮 ・「持続可能性に配慮した運営計画」 ・「持続可能性に配慮した調達コード」 ・「都市鉱山からつくる!みんなのメダルプロジェクト」	○2020年東京オリンピック・パラリンピック競技大会に向けた持続可能性の配慮 ・「持続可能性に配慮した運営計画」 ・「持続可能性に配慮した調達コード」 ・「都市鉱山からつくる!みんなのメダルプロジェクト」	○2020年東京オリンピック・パラリンピック競技大会に向けた持続可能性の配慮 ・「持続可能性に配慮した運営計画」 ・「持続可能性に配慮した調達コード」 ・「都市鉱山からつくる!みんなのメダルプロジェクト」 ・大会を通じたSDGsの推進協力に関する組織委員会と国連の合意等	○2020年東京オリンピック・パラリンピックに向けた持続可能性の配慮 ・「持続可能性に配慮した運営計画」 ・「持続可能性に配慮した調達コード」 ・「都市鉱山からつくる!みんなのメダルプロジェクト」 ・大会を通じたSDGsの推進協力に関する組織委員会と国連の合意等
優先課題	循環型社会の構築					

(出所)「SDGsアクションプラン」各年版を基に筆者作成

クションプラン 2020 では SDGs 実施方針における「日本の SDGs モデル」の方向性の中で言及されるとともに、優先課題①「あらゆる人々の活躍の推進」の中の独立した取組項目として新たに明記された。このことからも、東京オリンピック・パラリンピック競技大会を間近に控え、次世代に対するエンパワーメントのための一つの方策として、スポーツ SDGs が政府レベルで注目されてきていることが読み取れるだろう。

⑵スポーツ庁の取組
①スポーツ基本計画における SDGs
　2017 年 3 月に策定された第 2 期スポーツ基本計画は、スポーツの多様な価値を広く国民に伝えていくため、計画の目指す方向性として①スポーツで「人生」が変わる、②スポーツで「社会」を変える、③スポーツで「世界」とつながる、④スポーツで「未来」を創るという 4 つの視点を提示した。この中で、②に関する部分では、「スポーツを通じて人々がつながり、スポーツの価値を共有することができ、人々の意識や行動が変わる。これが大きな力となって社会の課題解決につながる。」「持続可能な開発と平和などスポーツが社会の課題解決に貢献することは、国際連合やユネスコなどでも謳われており、スポーツの価値を高める投資が社会の健全な発達に有効であるとの考え方は国際的な潮流である」と、SDGs に通じる考え方が明確に示されている。また、③に関する部分では、「スポーツは、人種、言語、宗教等の区別なく参画できるものであり、国境を越え人々の絆を育む。スポーツを通じた国際交流により『多様性を尊重する世界』の実現に貢献する」「スポーツは、貧困層や難民、被災者など困難に直面した様々な人の生きがいづくり・自己実現のきっかけとなり、スポーツによる開発と平和

への支援により『持続可能で逆境に強い世界』の実現に貢献する」と述べられており、スポーツを通じた国際交流・国際貢献が強く意識されている。具体的な施策レベルでも、第3章2⑶「スポーツを通じた国際社会の調和ある発展への貢献」に関して、例えばユネスコのスポーツ会合等の国際的な枠組への積極的な参画により国際的なスポーツ政策づくりに貢献することや、スポーツの価値を目標100か国以上、1,000万人以上に広げるスポーツ・フォー・トゥモロー（SFT）事業等による国際交流・協力を推進することなどが打ち出されている。加えて「国は、国際連合の『持続可能な開発のための2030アジェンダ』の提言等の国際動向も踏まえ、スポーツによる国際交流・協力をSFTが終了する2020年以降も継続できる仕組みを構築することにより、スポーツの価値の持続的な共有を推進する」と述べているように、2015年に国連で合意されたアジェンダ2030とその中核となるSDGsの目指す方向性が意識され、多様で実効性の求められる目標や施策に反映されていることが分かる。第2期スポーツ基本計画において、SDGsやスポーツを通じた開発と平和への貢献は重要なコンセプトとして組み込まれていると言えよう。

②「スポーツSDGs」の推進

スポーツ庁は2018年に「スポーツSDGs」という言葉をホームページで掲げ、世界共通の目標であるSDGsの達成にスポーツで貢献するという方針を打ち出した[6]。

このスポーツSDGsは、スポーツが持つ、"人々を集めたり巻き込んだりする力"を活用し、SDGsの認知度向上とスポーツの価値向上に取り組むこととされており、企業やスポーツ団体等とも連携して大きなムーブメントを作り出すため、共通のハッシュタグ「#SportsS-

DGs」を使った SNS 等での発信を推奨するなどの呼びかけも行っている。また、国連が定める「開発と平和のためのスポーツ国際デー」(4月6日) など様々な機会を通じて、スポーツの力及び SDGs 達成へのスポーツの貢献についてメッセージなどを発信している。さらに、東京 2020 オリンピック・パラリンピック競技大会への気運の高まりに合わせて、SDGs への関心を高めるため、スポーツ SDGs の一環としてビル & メリンダ・ゲイツ財団とパートナーシップを締結した。この連携により、財団が行う「Our Global Goals」(＝世界が直面する課題にスポーツ界全体で向き合い、SDGs というゴールを目指す取組) について、スポーツ SDGs の一つとして広報を行い、スポーツ SDGs ムーブメントの高まりに繋げようとしている。

　このように、スポーツ庁では国の政策レベルの指針であるスポーツ基本計画に沿って、具体的な施策レベルであるスポーツ SDGs の推進を通じて、スポーツの持つ力を SDGs 達成に向けたツールとして活用し貢献するための取組を進めている。

⑶スポーツ産業と SDGs
　①我が国産業界における SDGs への取組
　国連は SDGs の達成に向けた産業界の役割を特に重要視しており、2030 アジェンダにおいても民間セクターに対し事業活動を通じて SDGs の達成に積極的に貢献することを強く期待している。我が国では、日本の代表的な企業からなる一般社団法人日本経済団体連合会 (以下「経団連」という。) が、SDGs の達成に向けた民間セクターの創造性とイノベーションの発揮に対する期待を踏まえ、2017 年 11 月に企業行動憲章を改定し、経団連がかねてより取り組んでいた Society5.0 の実現を通じた SDGs の達成を柱として打ち出した[7]。

Society5.0 とは、IoT や AI、ロボットなどの革新技術を最大限活用し人々の暮らしや社会全体を最適化した未来社会であり、経済成長と社会課題の解決が両立し快適で活力に満ちた生活ができる社会である。こうした社会は、国連が掲げた SDGs の目指す社会と基本的に同じである。経団連はこのような背景を踏まえ、会員企業に対し、持続可能な社会の実現が企業の発展の基盤であることを認識し、広く社会に有用で新たな付加価値および雇用の創造、ESG（環境・社会・ガバナンス）に配慮した経営の推進により、社会的責任への取り組みを進めるよう、企業行動憲章を通じて今後の産業界の方向性を示したのである。

　スポーツ産業の分野においても、このような考え方を早くから取り入れて事業を行ってきた企業がある。例えばスポーツ用品メーカーの美津濃株式会社（以下「ミズノ」という。）は、「より良いスポーツ品とスポーツの振興を通じて社会に貢献する。」という経営理念を掲げ、良質なスポーツ品の提供とスポーツの振興に 100 年以上にわたり取り組んでいる。2016 年には「CSR・サステナビリティ上の重要課題（マテリアリティ）」の特定を行い、ミズノが重点的に取り組む 6 つの柱と 17 の課題を整理した[8]。これらの課題には、スポーツの振興分野における「次世代を担う子どもたちの運動能力と体力の向上」、CSR 調達分野における「児童労働の禁止・廃絶」、環境分野における「CO_2 を含む温室効果ガス排出量の削減」や「廃棄物の削減と適正な管理・処理」、雇用・人材活用分野における「ダイバーシティ」など、SDGs の各目標に関わる事項が列記されており、企業全体の取組と SDGs の達成に向けた取組が効果的に統合されていることがわかる。スポーツの振興分野では、SDGs の目標 3、目標 4、目標 17 に関する取組が行われており、例えば、ミズノが独自に開発した子供向けの運動遊び

プログラム「ヘキサスロン」を活用し、ベトナムの初等義務教育に導入する取組がある。「ヘキサスロン」は、楽しく遊び感覚で「走る」「跳ぶ」「投げる」などの基本的な動作を自然と身につけられる運動プログラムで、先進国に比べて体育の授業時間が少なく、教えられるプログラムの画一的でスポーツの基本動作の要素が十分考慮されていなかったベトナムの初等義務教育に対する、改善に向けた協力・貢献プログラムともいえる。実際、対ベトナムの「ヘキサスロン」運動プログラム普及促進事業は政府が進めるスポーツ国際貢献事業である「スポーツ・フォー・トゥモロー」の認定事業でもあり、認定事業の中で最も多くの裨益者を生み出した貢献が評価され、2019年12月にはスポーツ庁長官から感謝状が授与された。このように、ミズノはSDGsの達成に向けてスポーツ産業の分野から積極的に取り組んでおり、スポーツ産業を通じたSDGs達成及び社会貢献に関する今後の大きな可能性を提示していると言えるだろう。

3.まとめ

　これまで見てきたように、スポーツはSDGsを達成するための強力なツールとしての役割を強く期待されている。スポーツが持つ多くの人々を巻き込む力やグローバルに影響を及ぼす力は、SDGsとの関係では今後ますます重要になると思われる。国連による2019年のグローバルレポートでアントニオ・グテーレス国連事務総長が冒頭に述べているように、これまでのSDGs達成に向けた取組はまだまだ不十分であり、残りの10年は「劇的に実施のペースを上げていかなければならない」[9]状況である。このような状況において、スポーツはその影響力から、SDGsの達成に向けたツールとしてますます期待さ

れる存在となるだろう。国内スポーツにおいては、国が掲げるスポーツ基本計画の達成という意味でも、スポーツが SDGs の文脈に沿って様々な社会課題に対しどのように貢献できるのかが問われている。言い換えれば、スポーツ庁が打ち出した「スポーツ SDGs」の取組が今後ますます広がっていくことが期待される。

　一方で、スポーツは単なるツールとしての役割だけでなく、スポーツ活動そのものによって得られる価値もあり、スポーツが SDGs で掲げられる課題に直接的に貢献することも忘れてはならない。例えば、スポーツを実践することにより人々が健康で文化的な生活を送れるようになることは、目標3が掲げる「すべての人に健康と福祉を」の達成につながる。また学校における体育の授業の充実は、目標4が掲げる「すべての人に質の高い教育を」の達成につながるものである。このように、スポーツ活動それ自体の質的充実を求めていくことで直接的に SDGs の達成に貢献する側面も重要である。

　最後に、本章の結びとして本書のタイトルにもある「スポーツSDGs」という言葉のイメージの共有について触れたい。2018年にスポーツ庁がホームページで発信して以降、この「スポーツ SDGs」という言葉がどのようなアクションを指しているのか、これまで明確な定義は与えられていないと思われる。スポーツ庁のホームページでは「スポーツが持つ人々を集めたり巻き込んだりする力を活用し、SDGs の認知度向上、ひいては、社会におけるスポーツの価値のさらなる向上に取り組む」と考え方が説明されているが、言葉の概念というよりはツールとしてのスポーツの可能性が強調されている印象である。そこで、今後スポーツ関係団体等が SDGs に取り組む際のひとつの指針となるよう、「スポーツ SDGs」の定義を考えてみたい。例えば、「スポーツ関係団体が行う、多様なステークホルダーとの協働

によるSDGs達成に向けた創造的な取組（の総体）」と捉えてみてはどうだろうか。筆者は、SDGs達成の鍵となるのは"パートナーシップ"と"イノベーション"であると考えている。スポーツに関わる団体等がSDGsという共通言語を用い、これまで想像もしなかった多様なステークホルダーとパートナーシップを形成し協働することにより、創造的な価値を生み出すためのイノベーティブな取組が「スポーツSDGs」である。そしてこのような取組が広がることにより、スポーツを通じて世界共通の課題であるSDGsの達成とスポーツ基本計画で掲げられる我が国の政策目標の達成に近づいていくものと思われる。

●参考文献

1）外務省「我々の世界を変革する：持続可能な開発のための2030アジェンダ」（日本語仮訳）：https://www.mofa.go.jp/mofaj/files/000101402.pdf（2020年3月7日参照）

2）国際連合広報センター「スポーツと持続可能な開発（SDGs）」：https://www.unic.or.jp/news_press/features_backgrounders/18389/（2020年3月7日参照）

3）国際連合広報センター「スポーツ界、COP24で気候行動枠組みを立ち上げ」：https://www.unic.or.jp/news_press/features_backgrounders/32129/（2020年3月7日参照）

4）国際連合広報センター「スポーツを通じた気候行動枠組み バージョン02.0」：https://www.unic.or.jp/files/c6509b8eadff5384180a1f-d439669a4b.pdf（2020年3月7日参照）

5）UNFCCC Sites and platforms「Participants in the Sports for Climate Action Framework」：https://unfccc.int/climate-action/sectoral-engagement/sports-for-climate-action/participants-in-the-sports-for-climate-action-framework#eq-1（2020年3月7日参照）

6）スポーツ庁「スポーツSDGs」：https://www.mext.go.jp/sports/b_menu/sports/mcatetop08/list/1410259.htm（2020年3月7日参照）

7）一般社団法人日本経済団体連合会「企業行動憲章」（2017年11月8日）：
https://www.keidanren.or.jp/policy/cgcb/charter2017.html （2020
年3月7日参照）

8）ミズノ「SDGsの取り組み」：https://corp.mizuno.com/jp/about/sdgs
（2020年3月7日参照）

9）国際連合広報センター 「グローバルレポート2019」：https://www.unic.
or.jp/files/GSDR2019.pdf （2020年3月7日参照）

Chapter

4

SDGs達成に向けた日本の取組と展望

外務省 国際協力局
地球規模課題総括課長　　吉田　綾

▌はじめに

　新型コロナウイルス感染症の世界的な拡大は、我々の経済、社会、そして私達の生活に深刻な影響を与えている。また、国境を越えて人やモノ、情報そして資本が移動する現代では、他国で起きている出来事も決して他人事ではない。こうした地球規模課題に対応するため、2015年9月の国連総会において、17のゴールと169のターゲットから成る持続可能な開発目標（SDGs）が加盟国の全会一致で採択された。SDGsは、2030年までに「誰一人取り残さない」持続可能で多様性と包摂性のある社会を実現するために、国際社会が取り組むべき普遍的な目標だ。

　新型コロナウイルス感染症の影響を踏まえ、社会・経済・環境を統合的な視点で捉え、中長期的に問題解決を図るSDGsの考え方の重要性が、再び注目されている。特に、脆弱な立場に置かれた人々ほど新

型コロナの深刻な影響を受けていることを踏まえると、SDGs の「誰一人取り残さない」という考え方に立ち返る必要がある。上記を踏まえ、本稿では、SDGs の達成に向けたこれまで 5 年間の日本政府の取組と今後の展望について紹介する。

SDGs 達成のための日本政府による取組

　SDGs の採択後、日本政府がまず取り組んだのが国内の基盤整備である。2016 年 5 月に、総理を本部長、官房長官・外務大臣を副本部長、全閣僚を構成員とする「SDGs 推進本部」を立ち上げ、同年 12 月、SDGs 達成に向けた中長期的戦略である「SDGs 実施指針」を策定し、日本が特に注力する 8 つの優先分野（①あらゆる人々が活躍する社会・ジェンダー平等の実現、②健康・長寿の達成、③成長市場の創出、地域活性化、科学技術イノベーション、④持続可能で強靭な国土と質の高いインフラの整備、⑤省・再生可能エネルギー、防災・気候変動対策、循環型社会、⑥生物多様性、森林、海洋等の環境の保全、⑦平和と安全・安心社会の実現、⑧SDGs 実施推進の体制と手段）を掲げた。また、SDGs 実施に向けた官民パートナーシップを重視する観点から、民間セクター、NGO ／ NPO、有識者、国際機関、各種団体等、広範なステークホルダーが集まる「SDGs 推進円卓会議」をこれまでに 10 回開催し、SDGs 推進に向けた地方やビジネスの取組、次世代・女性のエンパワーメントの方策、国際社会との連携強化等について意見交換を行っている。【写真 1】

　2019 年 12 月に開催された SDGs 推進本部第 8 回会合では、過去 4 年間の取組や国際社会の潮流、円卓会議構成員による提言やパブリックコメントを踏まえ、「SDGs 実施指針」を策定後初めて改定し

出典：首相官邸ホームページ
（https://www.kantei.go.jp/jp/98_abe/actions/201912/20sdgs.html）
写真1　第8回SDGs推進本部会合（2019年12月20日）

た。加えて、SDGs 達成に向けた政府の具体的な取組を加速させるため、「SDGs アクションプラン 2020」を決定し、①ビジネスとイノベーション、② SDGs を原動力とした地方創生、強靱かつ環境に優しい魅力的なまちづくり、③ SDGs の担い手としての次世代・女性のエンパワーメントを 3 本柱とする「日本の SDGs モデル」に基づき、引き続き取組を推進していくこととした。同アクションプランには、企業経営への SDGs の取り込みや ESG 投資（※詳細後述）の更なる後押し、昨今の災害激甚化を踏まえた防災・減災の強化、G20 のフォローアップとしての海洋プラスチックごみ対策や気候変動対策の更なる推進、女性の活躍推進、新学習指導要領を踏まえた ESD の推進等、外務省及び関係省庁の具体的施策を盛り込んだ。【図1】

　次世代・教育分野においても、小学校は 2020 年度から、中学校は

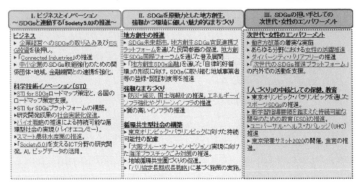

（提供）外務省

図1 「SDGsアクションプラン2020」（2019年12月決定）

2021年度から全面実施される新しい学習指導要領にも掲げられているとおり、「持続可能な社会のつくり手」を育む教育が今後、学校現場において実施される。こうしたことにより、若い世代やその親の世代の間でSDGsの認知度が高まることや、SDGsを学校で学んだ世代が2030年やその先の未来で活躍することが期待される。

　上述のような国内の取組に加えて、日本政府は、質の高いインフラ、防災・減災、海洋プラスチックごみ、気候変動、女性、保健、教育等のSDGs主要分野における様々な課題解決を支援することを通じ、開発途上国におけるSDGsの推進に貢献している。例えば、2016年5月に「女性の活躍推進のための開発戦略」を発表し、ジェンダー平等に貢献する国際協力支援を強化してきた。具体的には、カンボジアの学

校における女子トイレの設置や、インドにおける女性専用車両の導入を含む地下鉄システム整備を支援することで、開発途上国における女子教育や女性の社会進出に貢献してきた。

　また、2019年6月のG20大阪サミットにおいては、①質の高いインフラ、②防災、③海洋プラスチックごみ、④気候変動、⑤女性、⑥保健、⑦教育の7分野において、議長国としてリーダーシップを発揮。さらに、日本政府による具体的な貢献策として、洪水対策等により、2019年から2022年の4年間で少なくとも500万人に対する支援等の実施を目指す「仙台防災協力イニシアティブ・フェーズ2」、世界全体の実効的な海洋プラスチックごみ対策を後押しすることを目指した「マリーン（MARINE）・イニシアティブ」、2019年から2021年までの3年間で、少なくとも約900万人の子ども・若者にイノベーションのための教育とイノベーションによる教育を提供する持続可能な未来の実現のための「教育×イノベーション」イニシアティブ、約130万人の子供たちへの予防接種等の保健分野におけるコミットメントなどを発表した。今後も日本政府は、国内外において、SDGs達成のために積極的な取組を行っていく所存である。

　更に、日本は、SDGsが掲げる「誰一人取り残さない」という理念、そして、脆弱な立場にある一人一人に焦点を当てる「人間の安全保障」の考えを踏まえつつ、新型コロナ対策を行っている。これまでに、二国間支援や、WHO、UNICEF、UNDP等の国際機関を通じたマルチの連携を通じて、医療体制が脆弱なアジア、アフリカを始めとする開発途上国への支援を行っている。例えば、インドネシアやミャンマーでは、医療・保健従事者への技術協力や感染リスク啓発、物資供与等を行っているほか、ケニア、タンザニア、マラウイでは、上記の支援に加え、日本企業とも連携しながら、衛生環境の改善と衛生習慣の確立

に資するトイレ製品などの物資供与や技術協力、新型コロナウイルス感染症流行下においても国家機能を維持するためのオンライン化支援等を行っている。加えて、ユニバーサル・ヘルス・カバレッジの達成に向けた世界全体の保健システムの強化も積極的に進めている。今後もワクチン開発や治療、診断等の各分野において国際連携を進めていく。

日本国内における SDGs の浸透と達成度合

　日本国内における SDGs の認知度は年々向上し、今や国民の約 4 人に 1 人が認知しているとの調査結果もある。これには、日本の経済界が環境対応や企業統治に優れた企業を選別して投資する「ESG 投資」（※ E：環境、S：社会、G：ガバナンス）を背景とする直接金融のうねりを通じて SDGs に大きな可能性を見出し、その動きを牽引していることが理由のひとつとして挙げられる。

　具体的には、2017 年に世界銀行が SDGs を推進する企業の株価に連動する新たな世銀債を発行して以降、国内では、年金積立金管理運用独立法人（GPIF）が ESG 投資に乗り出した。また、経団連の企業行動憲章において、SDGs の達成が基本理念として掲げられたことも大きな推進力となり、大企業を中心に SDGs が浸透していった。今年発表されたグローバル・コンパクト・ネットワーク・ジャパン（GCNJ）の報告によると、2019 年の「SDGs の経営層の認知度」は 77％と、前年の 59％からさらに上がっており、企業経営に SDGs が根付きつつあることが窺える。

　SDGs への関心や認知度が高まるにつれて SDGs の達成度合を測ろうとする動きもある。例えば、ドイツのベルテルスマン財団と持続可能な開発方法ネットワーク（SDSN）が共同で発表した 2020

年版の報告書においては、日本は、SDG4（教育）、SDG9（イノベーション）、SDG16（平和）については達成度合が高いと評価される一方、SDG5（ジェンダー）、SDG13（気候変動）、SDG14（海洋資源）、SDG15（陸上資源）、SDG17（実施手段）については低い評価となっている。2030年までにSDGsを達成するためには、進捗状況をいかに把握するかが課題となっており、政府としては、これらの評価も踏まえつつ、SDGs推進の取組を一層強化していく。

多様なステークホルダーとの連携

　SDGsの推進は、「認知度の向上」から「具体的な成果」が求められる第二段階へと移行しつつある。そうした中、SDGs達成に必要な資金の確保は最重要課題の一つである。2030年までにSDGsを達成するためには、年間2兆5000億ドルもの資金が不足していると言われている。現在、世界全体のODAの総額は年間1500億ドル程度にとどまっており、世界全体のODAを数倍にしたとしても全く届かない状況である。したがって、政府のみならずあらゆるステークホルダーが叡智を結集させ、革新的な資金調達メカニズムの検討を進める必要性がこれまで以上に増している。そのため、外務省としては、多様なアクターとの連携により、より多くの人々がSDGsに関心を持ち、行動に移すきっかけ作りに取り組んでいる。

　そのほか、国内で実施されているSDGs達成のための取組を見える化し、より多くのステークホルダーによる行動を促すために、SDGs達成に資する優れた取組を行っている企業・団体等を表彰する「ジャパンSDGsアワード」を実施している。2019年12月には第3回ジャパンSDGsアワードの表彰式が開催され、商店街として初めて「SDGs

宣言」を行い、イベントやサービスを通じて人や環境に優しい活動を実践する、北九州市の魚町商店街振興組合がSDGs推進本部長（内閣総理大臣）賞を受賞した。

さらに、SNS投稿を通じてアフリカやアジアの子どもたちに給食を届ける市民参加型の取組を行う特定非営利活動法人、海外の難民キャンプにおいて難民・国内避難民の視力支援活動を行う眼鏡メーカー、古着を回収して開発途上国にて再利用すると同時にポリオワクチンを寄付できるビジネスモデルを構築したリサイクル企業、市内全ての公立小・中・特別支援学校においてESDを推進する教育委員会や、就学前児童から大人までが一緒になって身近なSDGsに取り組む保育園等が表彰され、まさに、幅広いアクターがSDGsを主導していることの証左となった。【図2】

加えて、政府は、2024年度末までに、SDGsに取り組む自治体の割合を60％とするため、SDGs達成に向けて優れた取組を提案する自治体を「SDGs未来都市」に選定し、その中でも特に先駆的な取組を資金的に支援する「自治体SDGsモデル事業」を創設した。こうした様々な主体による創意工夫が、日本のSDGs達成に向けた大きな原

（提供）外務省

図2　第3回ジャパンSDGsアワード（2019年12月）受賞団体

動力となっている。日本政府としても、企業や地方自治体等による取組を後押しすべく、「外務省×SDGs」ツイッターにおける関連情報の発信、SDGsポータルサイト「Japan SDGs Action Platform」での取組事例の掲載等を行っている。

　もちろん、スポーツに携わる団体や個人による取組も非常に重要である。2030アジェンダ前文には、「スポーツもまた、持続可能な開発における重要な鍵となるものである。我々は、スポーツが寛容性と尊厳を促進することによる、開発及び平和への寄与、また、健康、教育、社会包摂的目標への貢献と同様、女性や若者、個人やコミュニティのエンパワーメントに寄与することを認識する」と記載されている。例えば、2019年のワールドカップを契機に、注目を集めているラグビーのトップリーグは、2020年の開幕戦からSDGsの推進や課題解決のための活動を実施してきている。また、日本サッカー協会（JFA）もSDGsの推進を掲げ、サッカーを通じた社会貢献活動を行っている。「誰一人取り残さない」社会の実現に向けて、スポーツの力には大きな期待が寄せられている。

日本の「SDGs モデル」を世界へ

　日本政府はこれまで、国連やG7・G20など国際的な議論の場において、日本のSDGs推進に係る取組を発信し、SDGsの力強い担い手たる日本の姿を国際社会へ積極的に発信してきた。2019年9月に開催された「SDGサミット2019」には安倍総理が出席し、G20大阪サミットやTICAD7において、環境、教育、保健、質の高いインフラ投資等の取組を議長として主導したことを共有した上で、「SDGs推進本部」の本部長として、次のSDGサミットまでに、民間企業の取組や

出典：首相官邸ホームページ
（https://www.kantei.go.jp/jp/98_abe/actions/201909/24usa.html）
　写真2、3　「SDGサミット」（2019年9月）において演説する安倍総理

地方創生の取組など国内外における取組を一層加速させる決意を表明
した。【写真2、3】
　民間企業によるSDGsへの貢献について見てみると、都市部の大企
業が次々とSDGsを自らの活動の中に取り込み始める中、地方中小企
業における認知度はまだまだ低い。日本企業の9割以上を占める中小
企業が、いかにSDGsを経営に取り込めるかが重要な課題であり、政
府として今後引き続き全面的な支援を行っていく。
　上述のように、政府による政策に加えて地方自治体や経済界など
のステークホルダーもSDGs推進のために様々な取組を行っている
が、SDGs達成までの道のりは決して容易ではない。SDGサミット
2019において、グテーレス国連事務総長は「取組は進展したが、達
成状況に偏りや遅れがあり、あるべき姿からは程遠い。今、取組を拡
大・加速化しなければならず、2030年までをSDGs達成に向けた「行
動の10年」とする必要がある」と国際社会に強く訴えた。したがって、
今後より多くのステークホルダーが、SDGsの周知のみならず、その
達成に向けて積極的に行動する必要がある。SDGsの基本理念「誰一

人取り残さない」というのは、言い換えれば、SDGs 達成に向けて「誰もが何か出来る」ということだ。「行動の 10 年」の始まりの年にあたる本年、一人ひとりが SDGs 達成に向けて何が出来るのかを考え、行動を起こしていただきたい。

　国際社会が新型コロナウイルス感染症による深刻な影響から回復を遂げる上で、SDGs の目標達成は一つの重要な指針になる。日本政府としても、新型コロナウイルス感染症の終息に向けて全力を尽くしつつ、2021 年以降に開催が予定されている東京オリンピック・パラリンピック競技大会やアジア・太平洋水サミット、東京栄養サミットなどの国際的なイベントの機会を最大限に利用し、今後も SDGs の掲げる「誰一人取り残さない」社会の実現に向け、国際社会においてリーダーシップを発揮し、国内外の取組強化に引き続き邁進する所存である。

Chapter 5

SDGsとスポーツ庁

同志社大学 スポーツ健康科学部
スポーツ健康科学科 准教授　　**庄子　博人**

1. SDGs とは

　近年、持続可能な開発目標である SDGs (Sustainable Development Goals) に社会的な関心が高まっている。SDGs とは、2001 年に策定されたミレニアム開発目標 (MDGs) の後継として、2015 年 9 月の国連サミット「持続可能な開発のための 2030 アジェンダ」にて記載された 2030 年までに持続可能でよりよい世界を目指す国際目標のことである[i]。SDGs は 17 の目標、169 のターゲットから構成され、地球上の「誰一人取り残さない (leave no one behind)」ことを目標としている。

　もともとは 1972 年に世界初の環境国際会議「国際連合人間環境会議 (ストックホルム会議)」が 113 カ国を集めてスウェーデンに開催されたのがはじまりであった。その後、1992 年に国連環境開発会議 (地球サミット) にて地球変動枠組み条約が最初の地球温暖化対策

の国際条約として採択される。この時「アジェンダ21」の合意がなされ、持続可能な開発という理念は、経済開発と人々のニーズを充足し、環境を守る成長とのバランスを取らなければならないことを認識するものであることが表明されている。その後、2000年にニューヨーク開催された国連ミレニアム・サミットにて、当時の国連事務総長であるガーナ出身のコフィー A アナン第7代国連事務総長のもと、「国連ミレニアム宣言」がなされ MDGs (Millennium Development Goals) 国連ミレニアム開発目標が採択されている。この MDGs は、8つの目標と18のターゲットから成り、8つの目標とは①極度の貧困と飢餓の撲滅、②初等教育の完全普及の達成、③ジェンダー平等推進と女性の地位向上、④乳幼児死亡率の削減、⑤妊産婦の健康の改善、⑥ HIV/ エイズ、マラリア、その他の疾病のまん延の防止、⑦環境の持続可能性確保、⑧開発のためのグローバルなパートナーシップの推進、である。この MDGs が現在の SDGs につながったのであるが、外務省の2015年版開発協力白書で「MDGs の成果と課題」において、改善された点として「貧困半減」「飢餓人口の減少」「不就学児童の半減」「マラリアと結核の死亡数低下」「安全な飲料水を利用」が挙げられている一方、積み残された課題として「男女、収入、地域格差」「5歳未満児死亡率の未達成」「妊産婦の死亡率低減の遅れ」「衛生施設」へのアクセスは十分ではない、などとされた。その後、SDGs は、新たな持続可能な開発アジェンダとして採択されるのであるが、2002年の「持続可能な開発に関する世界首脳会議」の成果、2010年の「MDGs サミット」、2012年の「国連持続可能な開発会議 (リオ + 20)」の成果、をもとに策定された。

　SDGs と MDGs の大きな違いの一つは、「持続可能な開発のための持続可能なデータ」として、17目標169ターゲットに対して、具体

的な成果指標が定められたことである。SDGs の 17 の目標は、以下である。

①貧困をなくす…「あらゆる場所のあらゆる形態の貧困を終わらせる」
②飢餓をゼロに…「飢餓を終わらせ、食料安全保障及び栄養改善を実現し、持続可能な農業を促進する」
③人々に保健と福祉を…「あらゆる年齢のすべての人々の健康的な生活を確保し、福祉を促進する」
④質の高い教育をみんなに…「すべての人々への包摂的かつ公正な質の高い教育を提供し、生涯学習の機会を促進する」
⑤ジェンダー平等を実現しよう…「ジェンダー平等を達成し、すべての女性及び女児の能力強化を行う」
⑥安全な水とトイレを世界中に…「すべての人々の水と衛生の利用可能性と持続可能な管理を確保する」
⑦エネルギーをみんなに、そしてクリーンに…「すべての人々の、安価かつ信頼できる持続可能な近代的エネルギーへのアクセスを確保する」
⑧働きがいも経済成長も…「包摂的かつ持続可能な経済成長及びすべての人々の完全かつ生産的な雇用と働きがいのある人間らしい雇用（ディーセント・ワーク）を促進する」
⑨産業と技術革新の基盤をつくろう…「強靱（レジリエント）なインフラ構築、包摂的かつ持続可能な産業化の促進及びイノベーションの推進を図る」
⑩人や国の不平等をなくそう…「各国内及び各国間の不平等を是正する」
⑪住み続けられるまちづくりを…「包摂的で安全かつ強靱（レジリエ

ント) で持続可能な都市及び人間居住を実現する」

⑫つくる責任つかう責任…「持続可能な生産消費形態を確保する」

⑬気候変動に具体的な対策を…「気候変動及びその影響を軽減するための緊急対策を講じる」

⑭海の豊かさを守ろう…「持続可能な開発のために海洋・海洋資源を保全し、持続可能な形で利用する」

⑮陸の豊かさも守ろう…「陸域生態系の保護、回復、持続可能な利用の推進、持続可能な森林の経営、砂漠化への対処、ならびに土地の劣化の阻止・回復及び生物多様性の損失を阻止する」

⑯平和と公正をすべての人に…「持続可能な開発のための平和で包摂的な社会を促進し、すべての人々に司法へのアクセスを提供し、あらゆるレベルにおいて効果的で説明責任のある包摂的な制度を構築する」

⑰パートナーシップで目標を達成しよう…「持続可能な開発のための実施手段を強化し、グローバル・パートナーシップを活性化する」

2．スポーツ庁の国際戦略

　スポーツ庁は文部科学省の外局として 2015 年に発足した政府機関である。「政策課」「健康スポーツ課」「競技スポーツ課」「国際課」「オリンピック・パラリンピック課」「参事官 (地域振興担当)「参事官 (民間スポーツ担当) の 5 課 2 参事官の組織体制となっている。平成 29 年の「第 2 期スポーツ基本計画」[ii] には、戦略的かつ効果的にスポーツの国際交流・協力を推進する方策について検討するよう明記され、スポーツ審議会に対して諮問を行なっている。これを受け、スポーツ庁国際課は、平成 30 年 9 月にスポーツ国際戦略[iii] を策定した。このス

ポーツ国際戦略に明記されたのがスポーツを通した SDGs である。スポーツ庁として SDGs に正式に取り組んだのは、これが始まりである。第 2 期スポーツ基本計画の「世界とつながる」というコンセプトにおいては、スポーツの力を活用して「多様性を尊重する社会」「持続可能で逆境に強い社会」および「クリーンでフェアな社会」を実現することが提示された[ii]。スポーツの国際展開により、これらの望ましい社会の達成に貢献することがスポーツ国際戦略のビジョンとなっている。また、2030 年までの中長期的な期間においては、スポーツを通じた国際連合の「持続可能な開発目標 (SDGs)」に掲げる社会課題の解決に対して最大限の貢献を目指している。

　スポーツ国際戦略のビジョンは、「2030 年までに、スポーツの国際展開を通じて、スポーツの価値を向上させ、スポーツを通じた国連の『持続可能な開発目標 (2030 アジェンダ)』(=SDGs) に掲げる社会課題の解決に向けて、最大貢献を行うことを目指す」と明記された[iii]。また、短期的・中期的な目標として、国際オリンピック委員会 IOC のレガシーフレームワークに留意しつつ、第 2 期スポーツ基本計画及びスポーツ通じた国際連合の「持続可能な開発目標 (SDGs)」に掲げる社会課題の解決に対して最大限の貢献をしていくことが目標として掲げられた。図 1 に示す通り、SDGs への貢献は、スポーツ国際戦略として 2030 年までの中長期的なビジョンとして掲げられた。

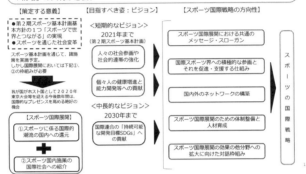

図1.スポーツ国際戦略[iii]（出典：スポーツ庁）

スポーツ国際戦略のビジョン

○ 「2030年までに、スポーツの国際展開を通じて、スポーツの
価値を向上させ、スポーツを通じた国連の『持続可能な開発目標
（2030年アジェンダ）』（＝SDGs）に掲げる社会課題の解決に
向けて、最大貢献を行うことを目指す。」

SUSTAINABLE DEVELOPMENT GOALS ＊ 国連のSDGsは、2015年の国連総会で採択された、17のゴール、169のターゲット、219の指標からなる開発目標。諸々の社会課題を国際的に連携・協力して2030年までに達成することを目指す、国際的なブランドの試み。

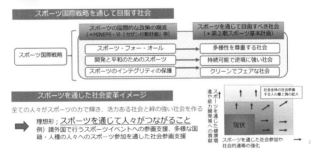

図2.スポーツ国際戦略のビジョン（出典：スポーツ庁）

3．スポーツ庁の SDGs

　スポーツ庁は具体的には、スポーツ庁ホームページによると、①
Facebook における発信、② Our Global Goals と呼称するビル &
メリンダ財団との連携、③開発と平和のためのスポーツの国際デーに
対する取り組み、などに取り組んでいる[iv]。

　①の「Facebook における発信」では、2020 年 6 月現在、開発と
平和のためのスポーツの国際デーに関するスポーツ庁長官のメッセー
ジが平成 29 年度、平成 30 年度の 2 回に Facebook ページを通して
発信された。また、Facebook を通じて、スポーツ SDGs の「パス・
イット・バック」と題し、「パス・イット・バック」とは、チャイルド・ファ
ンドがワールドラグビーおよびアジアラグビーと共同で実施する、新
しい「スポーツと開発」のプログラムの周知等を行なっている。また、
関西で開催された SDGs のフォーラム「関西 SDGs フォーラム」に関
する発信も Facebook を通しておこなわれている。関西 SDGs フォー
ラムでのスポーツ庁長官の基調講演では「スポーツを通じた社会貢献
〜 SDGs でひらく日本〜」と題し、スポーツ庁長官の基調講演などが
行われている。

　また、②の Our Global Goals とは、スポーツ庁とビル & メリン
ダ財団が結んだ新たなパートナーシップのプラットフォームのこと
である。スポーツ庁とビル & メリンダ・ゲイツ財団は、東京 2020 オ
リンピック・パラリンピック競技大会への気運の高まりに合わせて、
SDGs への関心を高めるため、スポーツ SDGs の一環として、パート
ナーシップを締結した。2030 年までの間に継続的な成果を出すため
の活動が行われていく予定である。

　③の開発と平和のためのスポーツの国際デーは、①でも触れた通

り、国連広報センターととともに、鈴木スポーツ庁長官をはじめ、平昌パラリンピックメダリストや有名アスリートや著名なタレントと一緒に、スポーツの力及びSDGs達成へのスポーツによる貢献を動画メッセージで配信している。

●**参考文献**

i 外務省, JAPAN SDGs Action Platform, 外務省ホームページ,
   URL; https://www.mofa.go.jp/mofaj/gaiko/oda/sdgs/index.html

ii スポーツ庁, スポーツ基本計画, スポーツ庁ホームページ,
   URL; https://www.mext.go.jp/sports/b_menu/sports/mcate-
      top01/list/1372413.htm, 2020年6月12日閲覧

iii スポーツ庁, スポーツ国際戦略, 2018.

iv スポーツ庁, スポーツSDGs, スポーツ庁ホームページ,
   URL; https://www.mext.go.jp/sports/b_menu/sports/mcate-
      top08/list/1410259.htm, 2020年6月12日閲覧

Chapter 6

国際協力機構（JICA）とSDGs

独立行政法人国際協力機構
青年海外協力隊事務局 専任参事　　勝又　晋

1. 青年海外協力隊によるスポーツ協力の開始 ～人間の安全保障と SDGs への先駆け

　JICAは政府開発援助（ODA）の実施に一元的に取組む独立行政法人だが、その前身の組織も含めれば、スポーツへの協力の歴史は長く、当初は主に青年海外協力隊により取組まれてきた。

　1965（昭和40）年度に初代協力隊員が派遣されたのはラオス、カンボジア、マレーシア、フィリピンの4か国だが、うちラオスでは、同政府からの柔道指導に対する強い要請も踏まえ柔道を指導する初めての日本人として、体育教員養成学校や警察学校での指導が行われた。マレーシアの柔道隊員は国家警察に柔道の技を教えつつ、普及活動も行っていた。一方、カンボジアでは当時の国家元首・シアヌーク殿下が教育と青少年の体育振興に力を入れていたこともあり、柔道、水泳においてナショナルチーム指導による競技力向上並びに一般クラブに

おける育成指導が取り組まれた。

　協力隊事業は、その創設以来ほぼ一貫した３つの目的を掲げており、現在は①開発途上国の経済・社会の発展、復興への寄与、②異文化社会における相互理解の深化と共生、③ボランティア経験の社会還元、としている。１番目の目的が国際協力そのものといえる中で、草の根の協力である協力隊の最初期からスポーツにも取組まれていることは特徴的である。戦後賠償によるカネやモノによる支援が進んでいた当時、草の根レベルのヒト対ヒトの海外協力隊事業における途上国への経済・社会の発展、復興への寄与として、1964年の東京オリンピック・パラリンピックを開催したばかりの日本がスポーツ競技力の向上や青少年の育成に取り組んでいたということになる。

　また、異文化社会における相互理解に関しても、開始から10年に満たない1974（昭和49）年の通常国会において、政府説明人の答弁内にスポーツ交流の一例として協力隊の活動が引用されている[1]。

　さらに、３つ目の目標については、事業発足当初は「日本青年の広い国際的視野の涵養」とされており、事業開始50年後の2015年に「ボランティア経験の社会還元」という、より踏み込んだ現代的なものに改訂された。今日に至るまで、体育・スポーツ隊員経験者の帰国後の活躍は、JICAを含む国際協力、公教育における国際理解推進、アカデミズム、スポーツ産業等の多方面で展開されている。例えば、アカデミズムの立場から「スポーツと開発」研究の国内の第一人者になっている経験者、スポーツ庁の参与として我が国のスポーツ政策に携わる経験者、そして専門とする競技のユース代表監督として我が国の将来

1　https://kokkai.ndl.go.jp/#/detail?minId=107204103X01119740508&
　　current=3

を担う次世代の青少年育成に貢献している経験者など、それぞれ協力隊の経験を様々な形で還元している。

現在のJICAは、そのミッションを「開発協力大綱の下、人間の安全保障と質の高い成長を実現します。」と掲げているが、青年海外協力隊においては草の根のレベルでの協力として、ひとりひとりの活動は小さなものかもしれないが、人間を中心に捉えて確実に届く協力を行ってきており、人間の安全保障を実践していると言える。SDGsが掲げる「誰一人取り残さない」社会の実現やSDGs達成を脅かすリスクへの対応といった点を考える上で、人間の安全保障の考え方・アプローチの有用性があらためて注目されつつある[2]。スポーツは、子供たちも高齢者も障害がある人も、誰もができる活動であり、だからこそSDGsが掲げる「誰一人取り残さない」の実現に、スポーツの力を役立てることができると考えられる。

JICAが前身の時代から、概念化が数十年後になされる「人間の安全保障」を、スポーツ分野においても青年海外協力隊を通じて実践し、後のSDGs達成に向かうような活動に取組まれていたと思いを巡らせると興味深い。

2．JICAの「『スポーツと開発』事業取り組み方針」と取組み体制

近年、東京オリンピック・パラリンピックの誘致決定を契機とし、スポーツを通じた国際協力活動推進の機運はこれまで以上に高まり、

---

2 https://www.jica.go.jp/jica-ri/ja/news/event/20190315_01.html

JICAは第4期中期計画（2017年4月～2022年3月）[3]において、スポーツを日本の開発協力の重点課題の一つと位置づけた。

　その中で、本分野の体系的な概念整理や、JICA全体としての具体的な事業方針を立案するために、2018年4月「JICA『スポーツと開発』事業取り組み方針」（以下、「方針ペーパー」）[4]が作成されているので、これをベースにJICAとスポーツSDGsの現状を記したい。

国民の結束を促す全国スポーツ
大会の様子【南スーダン】

スポーツ関連ボランティアの派遣

3　JICA中期計画2020年6月版より「1. 国民に対して提供するサービスその他の業務の質の向上に関する目標を達成するためとるべき措置　日本の開発協力の重点課題（中略）(2) 開発途上地域の人々の基礎的生活を支える人間中心の開発の推進（「質の高い成長」とそれを通じた貧困撲滅）(中略)　キ スポーツ　スポーツ・フォー・トゥモロー（SFT）の取組にも留意し、関係機関との連携強化を図りつつ、体育科教育指導、スポーツを通じた障害者・社会的弱者の社会参加の拡大や平和の促進等、スポーツを通じた開発を支援する。https://www.jica.go.jp/disc/chuki_nendo/ku57pq00000t0aea-att/chuki_keikaku04_03_01.pdf

4　方針ペーパーを含むJICAの「スポーツと開発」に関連した情報は下記のサイトを参照。https://www.jica.go.jp/activities/issues/sports/index.html

①これまでのJICAの「スポーツと開発」に関する取り組み

JICAには様々な事業形態があり、青年海外協力隊事業を含む市民参加協力[5]、技術協力、資金協力、民間連携、国際緊急援助等がある。そのうち、前項のとおり、海外協力隊においては、その開始当初から体育及び28の種目において累計で4,737人（2020年3月末現在）の隊員を派遣している。しかし、JICAの取組みは協力隊に留まらず、日本への研修員の受入れ、技術協力プロジェクト、NGOと連携した草の根技術協力において、体育、障害者スポーツ、スポーツを通じた民族融和などの取組みがあり、事業件数や規模の拡大を進めている。

② JICAができる「スポーツと開発」事業のアプローチ

上述のように、JICAは、今までの多くの経験則と、JICA内で継続的に行われてきた議論や種々の情報を加味・分析した上で、JICAができる「スポーツと開発」の関連事業を方針ペーパーの中で**図1**(1)〜(7)の事業アプローチに分類した。

「スポーツを通じた開発」に属する事業アプローチは、さらに、スポーツがもたらす効果として、心身の健康維持など直接効果をもたらすことを期するものと、スポーツが持つ人を集める力などを利用し、ある分野・課題・活動の普及促進を行う間接効果を期するものとしての視点と、"スポーツをする"人、"スポーツを支える"人、"スポーツを見る"人という事業対象の視点も踏まえた分類を行っている。**図1**では、(1)から(5)まで5つの事業アプローチに分類している

また、「スポーツを通じた開発」を行う前提として、スポーツそのも

5　ボランティア事業や、日本のNGO、大学、地方自治体および公益法人等の団体による国際協力活動をJICAが支援する草の根技術協力事業を含む。

のの環境整備、つまり「スポーツの開発」がなされていなければならない。ハードの環境整備では、国際ルールに則った各種スポーツを行える施設や運動場があること、スポーツに関連した用器具が十分に入手でき、かつ利用できることが挙げられる。ソフトの環境整備では、ルールに則った各種スポーツを実施・普及・強化するための、十分な質と数の指導者や審判が存在していること、加えて各種スポーツの競技団体・協会があり十分に機能していることが挙げられる。これら基盤の上で、競技力が向上し、国際レベルの大会へ出場できるトップアスリートが育成されれば、国民に誇りと喜び、夢や感動を与え、ひいては国民のスポーツへの関心を高めることになり、スポーツを何らかの開発課題の解決に積極的に利用するという意識にもつながる。この

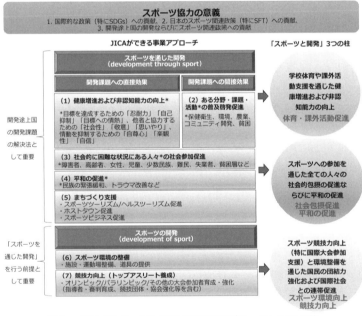

図1：JICA「スポーツと開発」事業のアプローチと三つの柱

ように、「スポーツの開発」にあたるアプローチも、「スポーツを通じた開発」と同様に重要である。**図1**では (6) および (7) の2つの事業アプローチに分類している。

　JICAが行う「スポーツと開発」事業は、スポーツを手法として用い、直接的・間接的に開発途上国の個人や集団が持つ能力を高めたり、可能性を広げることで、人々の生活をより健康で豊かなものにする、開発課題解決のための効果的な手段のひとつである。JICAはSDGsの達成に向けて、これら手法を有効に活用し、「スポーツ・フォー・トゥモロー（SFT）プログラム[6]」をはじめとする日本の関連政策や開発途上国の開発ならびにスポーツ関連政策にも貢献する。そして、既述のJICAができる「スポーツと開発」事業のアプローチ分類をベースに、JICAが優先して取り組むべき「三つの柱」を**図1**のように設定し、東京オリンピック・パラリンピック以後の世界を踏まえた持続的・継続的な取り組みを展開していこうとしている。

③SDGsの目標への貢献

　SDGsでは、SDGsの17の目標それぞれの達成に向けた課題に取り組むための潜在的能力を備えた重要かつ強力なツールとしてスポーツがその役割を果たすことが求められており、国際連合広報センターにより、SDGsの17項目それぞれにおいて、スポーツの役割が示されているが、**図1**に示したJICAの「スポーツと開発」の3つの柱が特に

6　国内外で東京オリンピック・パラリンピックの気運を高めるために実施されるプログラムで、2014年から2020年までの7年間で開発途上国を含む100カ国以上で1,000万人以上を対象にスポーツを通じた国際貢献事業を展開するもの。2020年3月時点で、1,200万人の受益者のうち、JICA事業により、670万人を貢献。

貢献すると考えられるSDGsの目標は**図2**の通り。また、SDGsの達成に紐づく各スポーツ関連政策[7]にも貢献することが可能である。

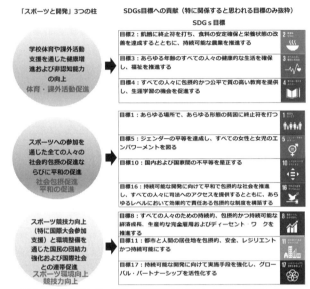

図2：JICA「スポーツと開発」三つの柱とSDGs目標への貢献

7　2017年7月MINEPS（International Conference of Ministers and Senior Officials Responsible for Physical Education and Sport）において発表された「カザン行動計画」、平成30年9月6日付我が国スポーツ庁による「スポーツ国際戦略」等。なお、MINEPSはユネスコ加盟国・準加盟地域のスポーツ担当大臣および高級実務者などが集まり、スポーツにおける国際的重要課題について議論、実行指向型の提言を出す会議体。「カザン行動計画」では、3つのメインポリシーとして「万人のためのスポーツへのアクセスに関する包括的な構想の展開」、「持続可能な開発と平和に対するスポーツによる貢献の最大化」、「スポーツ・インテグリティの保護」という3つのメインポイントと、「SDGsおよびターゲットへのスポーツの貢献を測定するための共通指標の開発」や「女性・スポーツ・体育などのための国際モニタリング機関の設置に関する実現可能性の研究」など5つのアクションが掲げられている。

④実施体制

　JICA内での実施体制については、青年海外協力隊事務局が、事業面での取組みの歴史も長いことから、事実上「スポーツと開発」を推進してきた。しかし、事業スキームの多様化により、技術協力業務、資金協力業務やボランティア事業に加え、市民参加、広報関連業務を含め、国内外からJICAに対し、スポーツに関する幅広い貢献への期待が急速に高まっており、ボランティア事業の実施を担う協力隊事務局のみでは、これら期待への十分な対応が困難である。よって、部門・事業を横断した取組促進するため、2019年6月より、全体調整・取り纏めを企画部が担いつつ、青年海外協力隊事務局、広報室、国内事業部が主導して実施する体制となっている。一方技術協力を中心に事業実施の中核となる課題5部の中では、「スポーツと開発」を主管する特定の部は定まっておらず、教育、障害者支援、平和構築等の案件の関連課題に応じてそれぞれの部が担当している。

3．JICAによるSDGsへの貢献に向けた取組み

① JICAのミッションとSDGs

　JICAは、「人間の安全保障」[8]と「質の高い成長」の実現をミッションに掲げている。そのミッションが目指すところは、SDGsの理念、すなわち「誰一人取り残さない」包摂的であり、持続可能で強靱な社会・

8　JICAは、「人間の安全保障」の重要性を改めて確認した上で、人が尊厳を持って生きることができる社会の実現を脅かす現代の課題を整理し、その今日的課題に対応するための取り組みの強化を図っている。詳細は以下のURL参照。
　https://www.jica.go.jp/publication/pamph/issues/revisiting_human_security.html

世界の実現と一致する（**図3**参照）。このため、JICA は、SDGs が JICA のミッションの実現も加速・推進するものと捉え、その推進に積極的に取り組んでいる。

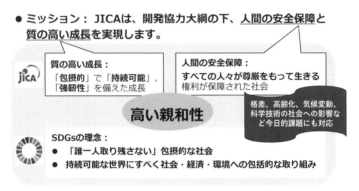

図3：JICA のミッションと SDGs

② JICA の SDGs についての基本方針

JICA は 2015 年 2 月に閣議決定された開発協力大綱に基づき、国際社会の平和、安定、繁栄に向けて、人間の安全保障、質の高い成長の実現を目指していく。そして、これを加速するものとして SDGs が位置付けられると考える。

JICA は「人々が明るい未来を信じ多様な可能性を追求できる、自由で平和かつ豊かな世界を希求し、パートナーと手を携えて、信頼で世界をつなぐ」をビジョン、「人間の安全保障の推進」を「質の高い成長」と並ぶミッションとして掲げている。これらの理念は、SDGs における「人間中心」、「誰一人取り残されない」という基本理念と整合する。また、これらは SDGs によって、より普遍的な世界共通の目標となっ

たと言える。

　また、SDGs は、我が国の開発協力大綱よりも更に広い関係者として、世界での市民社会、民間企業、大学等の議論を踏まえた、より広範囲な問題認識に基づき策定されており、我が国の開発協力も更に広いステークホルダーとの連携に取り組んでいく必要がある。

③我が国・JICA の経験・知見の活用と新たな領域への取り組み

　JICA は、相手国自身が自立的に開発を進められるように、我が国が培ってきた自助努力、キャパシティ・ディベロップメントの取り組みを継続していく。また、誰一人取り残さない開発に向け、人間の安全保障の実現を更に推進する。その際には、我が国自身の課題解決、発展の経験や JICA がこれまでの開発協力の経験から得られた知見を強みと捉え、これを継続、拡大していく。

　SDGs は、各ゴールが相互に関係・影響し、従来以上に総合的な取り組みが必要となる。JICA は、相手国政府や多様な主体との対話を通じ課題を特定し、方向性を見出し、その実現を支援する等、各段階におけるニーズに対応が可能である。また、人材育成、技術支援、資金供与等の手段も有している。JICA は、これらを通じ、SDGs 達成に向けて、有効な役割を果たすことができる。

　また、SDGs の目標達成を加速するためには、従来行ってきた取り組みを越えるイノベーションに常に取り組んでいく必要がある。

　JICA は SDGs 達成に向けて、従来我が国や JICA が必ずしも十分な知見を有していなかった領域にも取り組み、また従来行っていなかった協力にも取り組んでいく。

　スポーツについても、SDGs で新たなアジェンダとして挙げられており、JICA の総合的な取り組みが求められる中で、過去の案件・活動

をレビューしながら、活用できるこれまでの知見を生かしていく。

④SDGs達成に向けてのJICAの取組方針

JICAは、SDGs達成のために、アウトカム、インパクトを最大化・加速化していく。このために、国内外のパートナーとの連携や民間の技術等を動員するための触媒としての役割を果たすと共に、イノベーションを図り、有効な取り組みをグローバルに展開する。

JICAは、自身の事業実施に際しても、様々なパートナーとの連携を更に重視していく。JICAが高い知見を有する等の課題に関しては、これを他の開発パートナーや開発途上国などと連携し、強く推進していく。

JICAは、既に様々なパートナーからの提案を受け、市民社会や民間企業、自治体等の知見を活かした協力を実施している。SDGs達成に向けてこのような連携を継続・拡大していく。

また、JICAは我が国において開発途上国のニーズを熟知している数少ない組織である一方で、地方の国内拠点や開発協力の経験者のネットワーク等も有している。これらの知見やネットワークを最大限に活用し、我が国の民間企業や自治体がSDGs達成に挑戦・貢献を可能とするような支援、すなわち触媒としての役割を果たしていく。

⑤国内と海外の共通課題としてのSDGsへの着目

開発協力大綱においても、我が国は開発途上国と協働する対等なパートナーとしての役割を更に強化することとされている。JICAとしても、従来の日本から被援助国へ知見を移転するという一方通行の発想だけではなく、各国間で問題意識を共有し相互に学び、同時並行で課題解決に取り組み、アドバイスし合うというアプローチも必要に

なる。既に海外協力隊は海外での活動経験が日本の地域活性化にも貢献することが期待されている。発展のスピードが速く、それに対応すべく様々な試みが行われている開発途上国の取り組みを我が国にも導入することで、海外での取り組みが日本の課題解決につながる示唆が得られることも期待される。

4. パートナーシップとイノベーション
～ JICA の「スポーツと開発」の今後に向けて

　JICA は SDGs への取組方針の一つとして、「国内の知見の活用、国内外のパートナーとの連携、イノベーションを図り、SDGs の達成に向けてインパクトを確保する。」と掲げている。JICA の持つ強みを生かす SDGs への貢献は、「スポーツと開発」の領域においてもパートナーシップとイノベーションという視点を通じた今後の一層の加速を目指していく。

①パートナーシップ

　体育・スポーツ分野の青年海外協力隊員の派遣の開始について、冒頭の 1. で述べたが、同分野を含む JICA 海外協力隊事業では、スポーツ以外の全分野、またシニア海外協力隊を含めると 55 年間の間に 5 万 5 千人を超える日本市民が海外でのボランティア活動を行ってきた。途上国の草の根レベルで、現地の人々とともに、様々な社会課題の解決に取り組む日本の市民を支援する事業であり、まさに途上国と公的機関、市民の「パートナーシップ」を具現化してきたものといえる。

　海外協力隊事業では、併せて、協力隊参加促進や活動経験の共有を

目途として、自治体、民間、大学との連携による当該職員や学生の参加を進めているが、体育・スポーツ分野においては特に大学との連携が顕著であり、2019年度は10大学との連携による11案件において、約1か月の短期隊員や1年以上の長期隊員が合計98名派遣された。

　さらに、ラグビー、野球、サッカーにおいては、各競技団体等と連携協定書が締結され、団体の協力のもと海外協力隊事業における応募の勧奨、派遣前の研修、派遣中のアドバイスや物品の提供等が行われてきている。

　各競技団体に加え、2020年7月にはJICA北岡伸一理事長と日本オリンピック委員会（JOC）山下泰裕会長との間で連携協定書が締結された。同協定書ではJICAのミッションの一つである「人間の安全保障の実現」とJOCの役割である「オリンピズムの継承」のために両組織が協力することを目的とし、両機関の幅広い事業に関して連携することを確認している。

　国際場裏に目を転ずれば、2019年8月に横浜で開催された第7回アフリカ開発会議（TICAD7）において、JICAは開発途上国支援のパートナーとして連携してきた世界銀行、フランス開発庁（AFD）と共に、サイドイベント「アフリカの開発に果たすスポーツの役割」を開催した。健康、教育、そして弱い立場にある人の社会への参画という社会包摂的目標への貢献、女性や若者、個人やコミュニティの能力強化など、スポーツがアフリカの開発に大きく貢献することを再確認したイベントとなった。両機関とJICAは「スポーツと開発」についても定期的な協議を進めている。

　「パートナーシップ」については、無論この分野に特化されたものではないが、幅広い市民が参加し、またお互いを知ることができるとい

うスポーツ分野の特性上、これまでも、また今後もこれまで以上に多様な連携が生まれていくことになろう。

②イノベーション

　JICAでは、イノベーションは「先端的な技術を積極活用し、またこれまで培ってきた知見に裏打ちされた洞察力や国内外のネットワークを活かした他機関・団体との共創により適用化・普及を推進」するものと位置づけつつ、その本質は「「新しい価値の創造」であり、先端的な技術を活用したものに必ずしも限らない」としている。

　主に2020年3月後半から、海外協力隊員は新型コロナウイルス感染症の世界的な流行下、一斉に一時帰国（一部は本帰国）することとなり、2,000名を超える隊員が4月末までに任国を離れることとなった。また、他の国際協力活動も影響を受けざるを得ない状況となっている。

　JICAでは、ウィズコロナ下において、特に困難な立場に置かれた国・人々に十分に配慮しつつ、スポーツによりもたらされる価値を通じて、感染症克服に向けた活動の促進や希望をもたらし、日本と世界のつながりの礎とすることで、ポストコロナに向けた新たなスポーツの可能性を提示することが重要、と考えている。

　その際に、大切になってくるのがイノベーションの視点である。2020年8月現在、多くの一時帰国中の体育・スポーツ隊員がオンラインにより、任地の選手・コーチとのオンライントレーニングや、現地で録画された動画への返信を通じた指導等を行いながら、協力活動の継続を図っている。

　さらに、この時期ならではの心身の健康維持・増進のための活動、コロナに関連した保健、栄養や衛生についての啓発、デジタルの活用

をはじめとした新たな技術・手法でのアスリートの競技力向上は本状況下でこそ検討しうる内容であり、かつSDGsへの貢献にもつながるものとなろう。

　加えて、JICA内では、「ナショナルボランティア」創設についての議論が進んでいる。ナショナルボランティアとは、「オンサイトで活動するボランティアのうち、居住地（派遣元や国籍）が活動先と同じで、国際便での移動を必要としないボランティア」と定義している。体育・スポーツ隊員の場合も、多くが最終受益者（生徒・学生、選手等）と隊員の仲介役として教師や教員等のカウンターパート（C/P）として活動している場合が多く、それらC/PへのJICAからの支援という位置づけで、ナショナルボランティアを位置付けていく可能性がある。コロナ禍の下のみならず、当該国の市民社会を開発の主たる担い手として位置付けている方向は国際的潮流であり、ポストコロナにおいても新たな仕組み、パートナーとしての存在となっていく可能性がある。

　上記のように「新しい価値の創造」についても、様々な試みがなされている。

5．結び

　本章では「JICA事業×スポーツ×SDGs」の関係性について考察してきたが、スポーツの持つ力を通じて、開発協力の場裏でも様々な可能性があることが改めて感じられる。東京オリンピック・パラリンピックの一過性でなく、2030アジェンダも踏まえたJICAとして腰の据わった事業・活動を展開すべく、今後とも関係機関と連携しつつ取組みを進めていきたい。

●**参考文献**

1) 独立行政法人国際協力機構 (JICA) 監修 『持続する情熱　完全保存版　青年海外協力隊50年の軌跡』　第Ⅱ部　第3章　異文化交流の精華　2　初代派遣4ヵ国の活動記録 (pp. 246-257) 万葉舎、2016

2) 独立行政法人国際協力機構　JICA「スポーツと開発」事業取り組み方針　2018年4月　https://www.jica.go.jp/activities/issues/sports/ku57pq00002lc8qo-att/policies_sports.pdf　(2020年9月1日参照)

3) SDGs達成への貢献に向けて：JICAの取り組み (JICA SDGsポジション・ペーパー) 2016年9月12日　https://www.jica.go.jp/aboutoda/sdgs/ku57pq00002e2b2a-att/JICA_torikumi.pdf (2020年9月1日参照)

Chapter 7

日本スポーツ振興センターとSDGs

独立行政法人日本スポーツ振興センター
施設整備室 主幹　神谷　和義

1. はじめに

　本章では、スポーツ振興を目的とした独立行政法人である日本スポーツ振興センター（JAPAN SPORT COUNCIL、以下「JSC」という。）が進めているいくつかの取組について、SDGsとの関連と今後のスポーツSDGsの推進に向けた可能性を考えてみたい。筆者がJSCの経営企画部門で関わってきた業務についてSDGsの文脈で振り返ってみると、その多くはSDGsの達成に関連しており、今後の取組次第でさらに大きく貢献し得る可能性を秘めていると感じている。ただし、SDGsを意識して取り組めていたかというと必ずしもそうとは言い切れない。スポーツを通じてSDGsに貢献する"スポーツSDGs"を今後より加速的に推進するためには、JSCの取組に関してもこれまで以上にSDGsや社会貢献を意識的に事業に組み込み、多様なステークホルダーとの連携・協働ネットワークをさらに深め新たな価値を創

造していくことが重要ではないかと考えている。またそのような取組が独立行政法人としての JSC にますます期待されるのではないだろうか。

　以上を踏まえ、本章では筆者がこれまで直接・間接に関わった取組について SDGs との関りを確認しつつ紹介するとともに、今後 JSCがスポーツ SDGs の推進にどのような形で貢献し得るのかを考えてみたい [1]。

▌2. 日本スポーツ振興センターの概要

　日本スポーツ振興センター（JSC）は、独立行政法人通則法及び独立行政法人日本スポーツ振興センター法に基づき、平成 15 年 10 月に設立（※前身の特殊法人日本体育・学校健康センターの事業を承継）された文部科学省所管の独立行政法人である。我が国のスポーツの振興と児童生徒等の健康の保持増進を図ることを目的としており、「未来を育てよう、スポーツの力で」というコーポレート・メッセージのもと、幅広い事業を推進している。主な業務は、東京オリンピック・パラリンピック競技大会のメインスタジアムとして昨年 11 月末に竣工した新しい国立競技場をはじめ、代々木第一・第二体育館、秩父宮ラグビー場など大規模スポーツ施設の運営に関する業務、国立スポーツ科学センター（JISS）や味の素ナショナルトレーニングセンターを活用した国際競技力向上のための研究・支援等に関する業務、スポーツ情報機能の強化に関する業務、スポーツ・インテグリティの保護・強化に関する業務、スポーツくじ (toto・BIG) の実施とスポーツ振興

1　本章で示す見解はすべて筆者個人の見解であり、所属する組織としての公式な見解ではない。

のための助成業務、学校管理下における児童生徒等の災害に対する給付を行う災害共済給付業務及び学校安全支援業務などである。

　JSC の具体的なミッションは、文部科学大臣から業務運営に関して指示される中期目標を達成することであり、中期目標を達成するための業務計画である中期計画及び各年度の年度計画を定め事業を実施している。また、事業年度終了後には業務実績を文部科学大臣に報告し評価される仕組となっている。近年では、2011 年のスポーツ基本法成立以降、新たに国内外の情報収集・提供やスポーツ・インテグリティの保護に関する業務などが追加されており、我が国のスポーツ政策推進に重要な役割を果たすことが期待されている。

3. 国内外のスポーツ政策に関する情報収集と国際協力・貢献

　本節では、国内外のスポーツ政策情報の収集・分析や国際協力・貢献に関する取組を紹介する。SDGs を巡る国際動向に関する情報は今後スポーツ SDGs を推進するための基盤となるものであり、また国際協力・貢献は SDGs 達成に向けて直接的にアプローチできる重要な事業でもある。予算や人員など限られたリソースの中で難しい面もあるが、これらは JSC の事業の中でも特に SDGs との距離が近く、スポーツ SDGs の推進に向けて重要な分野であろう。

① 国内外の情報収集・分析・提供部門の設置

　2011 年 12 月、JSC は「スポーツ基本法」の趣旨を踏まえ、国際競技力向上をはじめとした国内外の各種情報の収集・分析・提供、及び我が国のスポーツ政策・施策の策定等への支援をより効果的に行うた

め、新たに情報・国際室を設置した。その後、これらの取組をさらに推進するため 2012 年 4 月からは情報・国際部として体制を強化し、日本のスポーツ情報機能の強化に関する業務を進めている。

　主な事業は、国内外のスポーツ政策に係る情報の収集・分析・提供及び日本のスポーツ推進のための政策提案を行う情報戦略事業、海外の政府系スポーツ機関・国際統括団体等との連携・交流や国際ネットワークの構築・強化を行う国際戦略事業などである。また、国の委託を受けて各種調査研究や戦略的二国間スポーツ国際貢献事業スポーツ・フォー・トゥモロー（後述）なども行っている。最近では、スポーツと SDGs、開発と平和に関する国際機関との連携事業などにも力を入れており、SDGs の目標 17（パートナーシップ）に関わりが深い。スポーツ SDGs に JSC が取り組んでいくための基盤というべき事業分野である。

　この SDGs や開発と平和に関する取組のきっかけは、国際的な動向が深く関わっている。国連は、2000 年に SDGs の前身である「ミレニアム開発目標（MDGs）」を掲げ、それを受けて 2001 年に UNOSDP（国連・開発と平和のためのスポーツ局）が開設された。その後、2015 年に MDGs を発展的に解消させる形で、国連は「持続可能な開発目標（SDGs）」を掲げ、それを受けて、同年のユネスコ総会において「体育・身体活動・スポーツに関する国際憲章」が大幅に改正された。この大改正では UNOSDP の成果を踏まえ、スポーツによる平和と開発に向けて、スポーツを通じた経済的・社会的・環境的な持続可能性の向上への取組の必要性が規定されている。その後、同国際憲章を具体的な国際的活動に移すため、2017 年にロシアのカザンにおいてユネスコの MINEPS・Ⅵ（スポーツ体育担当大臣等国際会議）が開催され、「持続可能な開発と平和に向けたスポーツの貢献の最大化」や「万人の

ためのスポーツへのアクセス」等をテーマに議論され、その成果は「カザン・アクション・プラン」としてまとめられた。日本はその成果を踏まえて、国内においては2018年にスポーツ審議会の下でスポーツの国際展開を通じてSDGsの達成に向けて最大限貢献することを目指す「スポーツ国際戦略」をまとめるとともに、国外においてはアジア地域での活動として、2017年に「日ASEANスポーツ大臣会合」、2018年に「日中韓スポーツ大臣会合」を開催し「カザン・アクション・プラン」を実行に移した。このような流れの中で、スポーツ庁が掲げた「スポーツSDGs」は、言葉こそスポーツ庁が創設した独自のものではあるが、以上のような国際的な動向を踏まえて打ち出されたものである。

このような状況の中、JSCは国連からの要請を受け、2014年1月から約2年間、UNOSDPにJSC職員を1名派遣することとなった。UNOSDPでの活動は、国連内で進められている加盟国へのスポーツ国際協力事業の推進、当時国連内で始まっていたSDGsに関する議論への参画など、国際的なスポーツの在り方に関する議論に参加する貴重な経験を得ることとなり、その後のJSC事業に活かされている。

② Sport for tomorrowへの参画

Sport for tomorrow（以下「SFT」という。）は、2020年のオリンピック・パラリンピック競技大会の東京招致にあたり、2013年9月のIOC総会において安倍晋三首相が発表したことをきっかけに始まった。この事業はスポーツを通じた国際貢献事業であり、2014年から2020年までの7年間で開発途上国をはじめとする100か国・1,000万人以上を対象にあらゆる世代の人々にスポーツの価値を広げていくことを目指したものである。SFTは外務省、スポーツ庁を中心とした13団体がコンソーシアム運営委員会として官民連携のネッ

トワークを構築し、趣旨に賛同する国内スポーツ関連団体、地方公共団体、民間企業、大学、NGO/NPO など様々な団体（コンソーシアム会員）の活動を通じて、世界各国との国際交流が進められている。JSCは 2014 年 8 月以降、国の委託を受けてこのコンソーシアム事務局の運営を担うとともに、運動会など日本独自のスポーツコンテンツの開催支援、アスリートや指導者・専門家の派遣、日本でのセミナー・研修等の開催といった活動領域で具体的な事業を実施し、スポーツを通じた国際貢献に積極的に取り組んでいる（図 1）[2]。

図1　アフリカにおけるスポーツイベント（運動会）開催支援の様子
（出所）スポーツ・フォー・トゥモロー HP（https://www.sport4tomorrow.jpnsport.go.jp/jp/2017041401-2/）より転載

2　SFT のホームページでは、コンソーシアム会員による活動レポートが公開されており、各事業が SDGs の 17 のゴールのうちどのゴールに関係しているかが可視化されている。活動レポートを SDGs で検索することも可能で、SDGs の達成に向けてスポーツを通じてどのような貢献ができるのか、具体的なイメージをつかみたい場合には非常に参考になる。

なお、これまでの SFT 事業の実績は、2019 年 9 月時点で支援実施国・地域数が 202、裨益者数が 10,001,456 人となっており、100 か国・1,000 万人以上という目標を 1 年前倒しで達成している[1]。

　この SFT 事業は、言うまでもなく SDGs と非常に深く関わっている。日本政府が我が国の SDGs に関する具体的な取組をまとめた「SDGs アクションプラン」の各年版において、「あらゆる人々の活躍の推進」に関連する取組として SFT の推進が明記されており、特に目標 3（すべての人に健康と福祉を）や目標 4（質の高い教育をみんなに）との関わりが深い。SFT の目標である 100 か国・1,000 万人以上への貢献という目標は既に達成されているが、「SDGs アクションプラン 2020」においても引き続き SFT の推進が掲げられており、SDGs におけるスポーツ国際貢献分野での SFT への期待は大きい。

③ 地方自治体における SDGs・SDP 推進に向けた取組

　2014 年に UNOSDP に職員を派遣して以降、JSC ではスポーツと開発分野における国際動向を把握し情報収集を行っていたが、国内では 2017 年 3 月に策定された第 2 期スポーツ基本計画において「社会の課題解決にスポーツを通じたアプローチが有効であることを踏まえ、スポーツを通じた共生社会等の実現、経済・地域の活性化、国際貢献に積極的に取り組む。」ということが政策目標の一つに掲げられ、"スポーツを通じた開発" という視点がスポーツ政策的に初めて明示されることとなった。このような動向を踏まえて、JSC では地方におけるスポーツを通じた社会課題解決のための施策動向（地域レベルでスポーツと SDGs や SDP についてどの程度認知されているかなど）を把握するため、「地方スポーツ推進計画と Sport for Development and Peace (SDP) に関するアンケート」(2017 年) を実施した[2]。こ

の調査は、47 都道府県、791 市、924 町村、23 特別区のスポーツ施策担当部局を対象として、国連の 2030 アジェンダとスポーツの関係性への認識、SDP 関連施策の実施状況等に関する情報収集を目的として行った。スポーツと SDGs や SDP に関わる状況について見てみると、まず、2030 アジェンダにおいて「スポーツは持続可能な開発における重要な鍵となる」ということを認識していた都道府県は約 22％、市は約６％で、SDGs の存在自体も知らないという地方自治体も多数だった。また、2019 年に国際 NGO「sportanddev.org」と共同で行った別の調査によると、地方自治体・スポーツ団体の担当者は SDGs と 2030 アジェンダが自分の仕事に影響を与えているという意識が海外と比較してかなり低いという結果だった。これらの状況からは、我が国の地方自治体のスポーツ施策担当者は、SDGs 等の国際動向に対する関心が低く、地方スポーツ施策との接点をうまく捉えられていないため、SDP のようなスポーツを通じて社会課題を解決するという国際的な潮流に追い付いていない傾向がうかがえた[3]。さらに、2017 年のアンケート調査において SDP 施策を実施していく上で障害となっているものを質問したところ、「SDP 政策の取り入れ方がわからない」という回答が 36.0％と最も多かったことから、スポーツをツールとしてどのように社会的課題の解決に用いていくべきか、その方策がまだ地域レベルには浸透していないことがうかがえる[4]。そこでこのような現状を打開していくため、2018 年からスイスに拠点を置く国際 NGO である Swiss Academy for Development (SAD) と共同で、SDGs 達成にスポーツを通じて取り組むための政策・プロジェクトマネジメント手法を設計するプロジェクトを進めている[5]。SAD はスポーツと開発に関するプラットフォームである sportanddev.org というサイトを運営しており、今回の共同事業に

より国内外の地方自治体の施策担当者やスポーツ団体・NGO・NPO
のプロジェクトマネジャーが効率的かつ効果的にスポーツを社会課題
解決のツールとして活用するための方法論を確立し、「SDP 政策の取
り入れ方がわからない」という課題の解決につながることが期待され
る。また、これらの成果はガイドブックでの公表と世界各国への展開
も検討されている。このように、JSC の事業を通じて国際的な動向で
ある SDGs や SDP という新たな視点を国内のスポーツ政策に取り込
むとともに、地域レベルへと広げていくための取組がスポーツ SDGs
の推進においてますます重要になるだろう。

▍4．国際的なムーブメントへの参画

　本節では、女性スポーツと子どものスポーツに関連する国際的な
ムーブメントに対する取組を紹介する。SDGs 目標 5（ジェンダー平
等）については日本の取組が進んでいないとする民間団体の評価があ
るが[3]、スポーツの分野でも競技団体の役員に占める女性の低さなど課
題が指摘されている[4]。また子どものスポーツ環境については、例えば
行き過ぎた勝利至上主義を背景とした部活動での暴力的な指導など、
様々な課題を抱えている。このような状況を変革するため、JSC も積

3　2020 年 6 月にドイツのベルテルスマン財団と持続可能な開発ソリュー
　ション・ネットワーク（SDSN）が発表した各国の国連持続可能な開発目標
　（SDGs）達成状況を分析したレポート「The Sustainable Development
　Report 2020」によると、日本は目標 5、13、14、15、17 の 5 項目につい
　て一番評価が低い「レッド」であった。
4　笹川スポーツ財団「中央競技団体現況調査 2018」によると、男性役員
　1,200 人に対し女性役員 187 人で役員の 9 割弱が男性という状況である。

極的にこの分野での取組を進めていくことが必要である。

① 「ブライトン・プラス・ヘルシンキ宣言」

　ブライトン・プラス・ヘルシンキ宣言とは、スポーツのあらゆる分野での女性の参加を求めた女性スポーツ発展のための世界的な戦略であり、国際女性スポーツワーキンググループ (International Working Group on Women and Sport) が 2014 年にフィンランドのヘルシンキで開催した世界女性スポーツ会議において承認されたものである。この宣言は、10 の基本方針 (①社会とスポーツにおける公正と平等 ②施設 ③学校とユーススポーツ ④参加を高めること ⑤競技スポーツ ⑥スポーツにおけるリーダーシップ ⑦教育、研修、発展 ⑧スポーツに関する情報及び研究 ⑨資源 ⑩国内外の協力) を行動計画として提言しているものである。国内では 2017 年 4 月に、スポーツ庁がブライトン・プラス・ヘルシンキ宣言を承認し署名することとなり、主要なスポーツ関係団体として JSC をはじめ公益財団法人日本オリンピック委員会、公益財団法人日本障がい者スポーツ協会・日本パラリンピック委員会、公益財団法人日本体育協会 (現日本スポーツ協会) が賛同し署名した。JSC は既にハイパフォーマンススポーツセンターによる女性アスリートの戦略的強化に向けた調査研究や女性アスリートの戦略的強化・支援事業など、女性スポーツの発展に取り組んでいるが、ブライトン・プラス・ヘルシンキ宣言への署名により、今後継続的に国際的な女性スポーツの動向の把握や情報収集及び国際的な議論に参画できる可能性が広がった。この枠組とネットワークを活用することにより、女性スポーツの更なる発展とスポーツ分野におけるSDGs 目標 5 の達成に貢献していくことが期待される。

2 「子どもの権利とスポーツの原則」

公益財団法人日本ユニセフ協会とユニセフ本部は 2018 年 11 月、スポーツにおける子どもの権利を明示するユニセフ初の文書として「子どもの権利とスポーツの原則」（以下「本原則」という。）を発表し、JSC はその発表イベントの席でこの原則に賛同・署名した。このような文書が出された背景には、本来子どもや若者の未来を拓くことを助けるはずのスポーツが、むしろその未来を閉ざしてしまうような状況が世界の多くの国々で頻発しており、ユニセフが活動の基本理念に置く「子どもの権利条約」第 31 条の「休み、遊ぶ権利」について、改めて世に訴える必要があるという危機感があった。

本原則は、すべてのスポーツ関係者・組織において自主的な取組を促すためのガイドラインであり、子どもの健全で豊かさに充ちた成長を促す手段・機会としてのスポーツの普及と発展を目的とし、子どもに対するバランスのとれた成長への配慮やリスクからの保護、子どもの権利に対する対話や働きかけの促進など 10 の原則を提言している。本原則の特設サイトでは、スポーツ団体等が子どもの権利を侵害する潜在的リスクなどをセルフチェックすることができるアセスメントツールも公開されており、スポーツ団体等にとって有用な情報が提供されている[6]。

JSC では、2018 年 11 月に本原則に署名することに伴い、掲げられている 10 の原則を踏まえた取組を推進するべく各々に関連する取組を整理し、ホームページに公表している[7]（表 1）。また、本原則の原案作成にあたって、国内外の専門家やスポーツ庁、日本スポーツ協会などの主要スポーツ団体とともに、JSC も各業務を通じて得られた知見をもとに様々な意見や助言を行った。スポーツにおける子どもの権利を守ることは、SDGs との関連で言えば目標 3 や目標 16（平和

表1 「子どもの権利とスポーツの原則」に対するJSCの取組

(出所) 独立行政法人日本スポーツ振興センターHP (https://www.jpnsport.go.jp/corp/Tabid/911/Default.aspx) より転載

	原則	JSCにおける取組
1	子どもの権利と尊重にコミットする	スポーツ・インテグリティ (誠実性・高潔性・健全性) の保護・強化に関する取組を行っています。
2	スポーツを通じた子どものバランスのとれた成長に配慮する	スポーツ振興くじ助成による支援や、JAPAN SPORT NETWORKを通じた各種事業の実施、SPORTS FOR TOMORROW、学校安全支援事業 (事故防止) 等により、子供が安心してスポーツを行えるような支援をしています。
3	子どもをスポーツに関係したリスクから保護する	スポーツ・インテグリティ (誠実性・高潔性・健全性) の保護・強化に関する取組や、JSCが日本を代表して加盟している「国際コーチングエクセレンス評議会 (ICCE)」との共同による会議の開催、災害共済給付事業や学校安全支援事業 (事故防止) 等に取り組んでいます。
4	子どもの健康を守る	スポーツ・インテグリティ (誠実性・高潔性・健全性) の保護・強化に関する取組を行っています。
5	子どもの権利を守るためのガバナンス体制を整備する	基本理念やビジョン「未来を育てよう、スポーツの力で。」、行動指針の策定、スポーツ・インテグリティ (誠実性・高潔性・健全性) の保護・強化に関する取組を行っています。
6	子どもに関わるおとなの理解とエンゲージメント (対話) を促進する	JSCが日本を代表して加盟している「国際コーチングエクセレンス評議会 (ICCE)」との共同による会議の開催により、子供に対するスポーツ・コーチングの発展やコーチの育成に取り組んでいます。
7	スポーツ団体等への支援の意思決定において子どもの権利を組み込む	スポーツ振興くじ助成やスポーツ振興基金助成等の各種支援における規程の整備、スポーツ・インテグリティ (誠実性・高潔性・健全性) の保護・強化に関する取組を行っています。
8	支援先のスポーツ団体等に対して働きかけを行う	
9	関係者への働きかけと対話を行う	JSCが保有するネットワークを活用し、各対象者に対し、本原則の理念の普及に貢献してまいります。
10	スポーツを通じた子どもの健全な成長をサポートする	

と公正をすべての人に) などに深く関わっており、JSC の様々な事業を通じて本原則への賛同の輪を広げるとともに、本原則に署名したスポーツ庁や他のスポーツ団体等と連携し、スポーツ界全体として取組を推進していくことが重要である。

5. 東京 2020 大会を契機とした施設整備

本節では、東京 2020 大会に向けた施設整備に関連して、持続可

能性やユニバーサルデザインに配慮した取組を紹介する。特に東京2020大会のメインスタジアムとなる国立競技場の整備は国家的プロジェクトとして注目され、世界最高のユニバーサルデザインや周辺環境との調和などを基本理念として整備が進められた。国民の財産である新しい国立競技場での取組が全国各地のスタジアム整備の参考となり、施設整備に関する持続可能性への配慮が東京2020大会のレガシーとしてスタンダートになっていくことが期待される。

① 新しい国立競技場の整備とユニバーサルデザイン

　旧国立競技場は、スポーツ史に残る数々の名シーンを生み出してきた「聖地」として多くの国民に惜しまれつつ、2014年に56年の歴史に幕を閉じた。その後、2020年のオリンピック・パラリンピックの東京招致が決定し、東京2020大会のメインスタジアムとして新たな国立競技場の整備が進められ、2019年11月に新しい国立競技場（以下「新国立競技場」という。）が完成した。

　新国立競技場の整備は、旧整備計画の見直しを受け、新国立競技場整備計画再検討のための関係閣僚会議（以下「関係閣僚会議」という。）が策定した「新国立競技場の再整備計画」（2015年8月28日）に基づき、「アスリート第一」、「世界最高のユニバーサルデザイン」、「周辺環境等との調和と日本らしさ」を基本理念に掲げ、工期を2020年4月までの完成、コストの上限を1,590億円として進められた[8]。

　設計・施工の事業者は、公募により大成建設・梓設計・隈研吾建築都市設計事務所共同事業体（以下「大成JV」という。）が受注し、事業者提案に基づき2019年11月末の完成を目指して2016年12月から本体工事がスタートした。そして、神宮外苑の緑と水とスポーツのネットワークをつなぐ"杜のスタジアム"は、総工費1,569億円、予定

どおり 36 か月の工期を経て 2019 年 11 月末に竣工した。

　新国立競技場の概要は、次のとおりである[9]。

【施設概要】
１）面　　積：敷地面積　約 109,800 ㎡
　　　　　　　建築面積　約 69,600 ㎡
　　　　　　　延べ面積　約 192,000 ㎡
２）階　　数：地上 5 階、地下 2 階
３）観客席数：約 60,000 席（うち車いす席：約 500 席）
４）設　　備：大型映像装置（南側北側に各 1 台）、リボンボード（縦 0.96
　　　　　　　ｍ×横約 640 ｍ（全周））、デジタルサイネージ（約 600 枚）、
　　　　　　　Wi-Fi（約 1,300 台）

　この新国立競技場の整備においては、木材を多用するなど環境共生型のスタジアムという基本的な考え方が示されていた。例えば、大成 JV の技術提案に基づき環境への配慮として整備された「風の大庇（おおびさし）」と「風のテラス」は夏季の卓越風を自然の風として観客席に採り入れ、観客席の温熱環境を改善するとともに、採り入れた風を天然芝への通風にも生かすなど環境負荷の低減が図られている。これらは SDGs の目標 13（気候変動に具体的な対策を）につながっている。

　また、ユニバーサルデザインも新国立競技場の特徴である。関係閣僚会議で示された新国立競技場整備の基本理念のひとつに「世界最高のユニバーサルデザイン」が掲げられているように、誰もが使いやすい施設とするための工夫や配慮が盛り込まれている。発注に当たって JSC が示した「業務要求水準書」に基づき、大成 JV が車椅子使用者、高齢者、子育てグループ等の 14 団体により構成されるユニバーサルデザインワークショップを開催した[10]。このワークショップは基本設計段階、実施設計段階、施工段階で合計 21 回開催され、トイレ計

画、エレベーター・エスカレーター、サイン計画などについて、実物を再現したモックアップを用いて検証するなど細部にわたって関係者の意見を取り入れ、様々な改善が図られた。このようにして、新国立競技場は誰もが安心して施設を利用できるユニバーサルデザインを実現しており、スポーツ施設におけるアクセス・利便性の向上を通してSDGsの目標11（住み続けられるまちづくりを）などに貢献していると考えられる。

② 東京2020大会「持続可能性に配慮した調達コード」の尊重

　JSCは東京2020大会に向けて、先述の新国立競技場の整備のほか、オリンピックのバレーボール及びパラリンピックのバドミントン・車いすラグビーで使用される国立代々木競技場の耐震改修工事などを実施した。このような競技施設の整備に際しては、公益財団法人東京オリンピック・パラリンピック競技大会組織委員会（以下「組織委員会」という。）が策定した「持続可能性に配慮した調達コード」を尊重することとしていた。組織委員会は、東京2020大会において持続可能性に関する取組を積極的に推進しており、自らが持続可能性に配慮した大会準備・運営に取り組むとともに[5]、SDGsが掲げる持続可能な社会の実現に向けて、同様の取組が広く社会に定着するよう東京都及び政府関係機関にも調達コードを尊重するように求めている。これを受けて、JSCも「持続可能性に配慮した調達コード」を尊重するとともに、2018年4月には調達コードに係る通報受付窓口を設置し運用を開始した。

5　組織委員会は2019年4月に「持続可能性大会前報告書」を公表し、持続可能性に配慮した大会がどのように開催されるかを具体的に示している。

このように、東京 2020 大会を契機として進められているスポーツ施設に関する持続可能性やユニバーサルデザインに配慮した取組は、今後のスポーツ施設整備・運営におけるスタンダードになっていくべきものと考えられる。そのためには、かつて、冬は枯れて茶色になっていた国立競技場の芝生を試行錯誤の末に通年緑化することに成功し、その方法が全国に広がり、今では冬でも緑の芝生でプレーすることは当たり前になったように、我が国のスポーツ施設のシンボル的な存在と言える国立競技場の今回の経験を発信していくことは有意義であろう。それは、東京 2020 大会を契機にもたらされたソフトレガシーの一つとしてスポーツ SDGs につながる取組でもある。

6．JAPAN SPORT NETWORK の構築

　本節では、JSC が"スポーツの力"をキーワードに新たに構築した地方自治体との連携・協働ネットワークについて紹介する。SDGs の目標 17（パートナーシップで目標を達成しよう）と同様に、我が国のスポーツ環境の充実に向けては、様々な関係者との連携・協働が不可欠である。同じ理念を共有しながら取り組んでいくためのプラットフォームとして、このようなネットワークの拡大と深化がスポーツ SDGs の推進にとって今後益々重要になると思われる。

1 スポーツ政策における関係団体連携の位置付け

　国のスポーツ政策上、関係団体との連携・協働が強く打ち出されたのは、文部科学省が 2010 年に策定した「スポーツ立国戦略」である。我が国の新たなスポーツ文化の確立を目指し、「人の重視」と「連携・協働の推進」を基本的な考え方として 5 つの重点戦略を掲げた。その

一つが「スポーツ界の連携・協働による『好循環』の創出」であり、この考え方が 2012 年 3 月に策定された「(第 1 期) スポーツ基本計画」に引き継がれた。この計画では、今後 5 年間に取り組むべき施策として 7 つの政策目標が示され、その中で "スポーツ界における好循環の創出に向けたトップスポーツと地域スポーツとの連携・協働の推進" が打ち出された。加えて、各施策の総合的かつ計画的な推進のために必要な事項として、関係者の連携・協働による推進が求められており、特に JSC に対しては、保有する人的資源、物的資源の活用と助成機能、情報機能を十分に発揮し、業務を効果的・効率的に推進することができるよう検討することが求められた。

② JAPAN SPORT NETWORK

先述の政策レベルでの動きを踏まえ、JSC でも関係団体との連携・協働に向けて検討することとなったが、これまで競技団体や大学等の研究機関とは一定の連携・協働が図られていたものの、地方自治体については (学校安全に関する教育委員会とのネットワークあるものの) スポーツの推進に関してまだ十分な連携・協働の体制が構築できていないという状況であった。また、当時 JSC と地方自治体はスポーツ振興くじの収益を財源して 2002 年度から始まったスポーツ振興くじ助成金に関連して、助成する側と受ける側という一方通行の関係に留まっていたため、スポーツ振興くじの理念を相互に共有し双方向で協力していく体制が必要ではないかという問題意識があった。そのため、まずは地方自治体との連携・協働の在り方を中心に検討することとし、2012 年 4 月から人事交流により地方自治体職員を受け入れ、地方自治体の視点も取り入れながら新たなネットワークについて検討した。その結果、全国の都道府県及び市区町村を対象として、お互い

に持つ強み・情報・ノウハウを相互にシェアしながら主体的にスポーツ推進のために連携・協働することを目的に、2013年7月に「JAPAN SPORT NETWORK」（以下「JSN」という。）を立ち上げた。JSNは、互いにスポーツを支え、育てるというスポーツ振興くじの理念を尊重するとともに、JSCと各自治体が「スポーツの力」共同宣言を行い、スポーツの力で活力のある地域社会と幸福で豊かな日本を実現するために協働し、輝く未来を創ることを目指したネットワークである[11]。（2020年4月1日現在、738の地方自治体が参加）

　現在JSNは "地域とスポーツを活性化する総合的なスポーツ政策プラットフォーム"（図2）として、国内外のスポーツ政策に関する最新動向を踏まえたニュースレター等による情報配信、スポーツ政策を考えるエビデンスにつながる調査研究、各種セミナー・フォーラムの開催、そして情報やエビデンスを活用した共催事業などを進めており、これらを通じて地域スポーツ政策のイノベーション（新規事業の

JSNが目指す「地域スポーツ政策イノベーション・プラットフォーム」

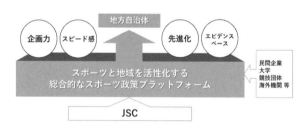

図2　JSNが目指す「地域スポーツ政策イノベーション・プラットフォーム」
（出所）独立行政法人日本スポーツ振興センターHP（https://www.jpnsport.go.jp/corp/saiyou/tabid/514/Default.aspx）より転載

創設等) につながるような仕組や機会の提供を行っている[12]。また、2020年3月にはこれまで発行したニュースレターの内容をベースに最新の取組事例や研究成果を補完して再編集した書籍『スポーツ担当者になったら読む本』を刊行し、地方自治体のスポーツ行政担当者がエビデンスベースの政策立案に取り組むための実用的な資料として提供した。このような取組は、スポーツ基本計画に沿ったスポーツ政策への対応ということに留まらず、SDGsの目標17への貢献につながるものと考えられる。そして、JSNを通じた様々なイノベーションの創出によりスポーツSDGsの全国への広がりにも貢献できるのではないだろうか。

7. まとめ

　以上、本章ではJSCの様々な業務のうち、筆者が直接・間接に関わってきた業務でスポーツSDGsに関連の深いと思われるものを紹介した。筆者自身が改めて振り返ってみて、冒頭でも述べたように、これらの取組は今後スポーツSDGsを推進する上で重要かつ可能性を秘めたものである。その一方で、まだSDGsの達成やスポーツを通じた社会貢献ということがJSC全体に価値観として浸透しているかと言えば、まだこれからという段階である。法人内でSDGsやスポーツを通じた社会貢献について明確に意識して議論され始めたのは2018年中頃からであるが、その背景には、2020年の東京オリンピック・パラリンピック競技大会に向けて準備が進む中で、大会が終わってからの"ポスト2020"について、JSCはどのような組織としてどのような方向性で事業を進めるべきか、将来を見据えて検討を始めなければならないという認識があった。その後、役職員間での議論と対話を重

ね、2018年度末にポスト2020に向けた指針を一旦とりまとめた。この指針においては、将来のJSCの理想像としてスポーツ振興の業務を通じて持続可能な社会貢献を行うこと、社会の変化に対応できる組織・仕組みを構築することなどを掲げ、以後、働き方改革・人事戦略、渉外・外部連携・SDGs、リソース活用などについて具体的に検討を進めている。JSCにおけるスポーツSDGsに向けた取組は、まさに現在進行形である。

　本来であれば東京2020大会の感動と興奮が世界を包んでいたはずの2020年は、新型コロナウイルスの感染拡大という混乱の渦中にあり未だに先が見通せない状況である。東京2020大会が約1年延期され、命を守るために外出や人との接触が制限されるという事態を経験し、改めてスポーツのあり方や価値が問われていると言えよう。そのような中で、持続可能性やスポーツを通じた社会貢献といったスポーツSDGsの視点は新しいスポーツのあり方を考えるヒントになるかもしれない。JSCにおいても、これまで以上にSDGsや社会貢献を意識的に事業に組み込み、多様なステークホルダーとの連携・協働ネットワークを通じて新たな価値を創造していくことにより、With (After) コロナウイルス時代のスポーツのあり方を考えていく必要があるだろう。

●参考文献
1）スポーツ・フォー・トゥモロー「ニュースリリース」(2019年12月9日)：https://www.sport4tomorrow.jpnsport.go.jp/jp/news/nnew-re-lease/20191209/ (2020年4月9日参照)
2）笹川スポーツ財団『スポーツ白書2020』(第11章スポーツと国際開発 pp.275-277)，2020
3）笹川スポーツ財団『スポーツ白書2020』(第11章スポーツと国際開発

pp.276），2020

4）笹川スポーツ財団『スポーツ白書2020』（第11章スポーツと国際開発 pp.277），2020

5）独立行政法人日本スポーツ振興センター広報室ニュースリリース「スポーツを通じたSDGsマネジメント手法の設計プロジェクトを開始」（令和元年7月4日）：https://www.jpnsport.go.jp/newstadium/Portals/0/sonota/universaldesignworkshopnitsuite.pdf（2020年4月9日参照）

6）日本ユニセフ協会「子どもの権利とスポーツの原則」（特設サイト）：https://childinsport.jp/（2020年3月30日参照）

7）日本スポーツ振興センター『子どもの権利とスポーツの原則』への賛同：https://www.jpnsport.go.jp/corp/Tabid/911/Default.aspx（2020年3月30日参照）

8）首相官邸「新国立競技場の整備計画」：http://www.kantei.go.jp/jp/headline/pdf/20150828/siryou1.pdf（2020年4月9日参照）

9）独立行政法人日本スポーツ振興センター広報室ニュースリリース「新しい国立競技場の竣工について」（令和元年11月29日）：https://www.jpnsport.go.jp/corp/LinkClick.aspx?fileticket=xoQKL9yd-N7A%3d&tabid=837&mid=2091（2020年4月9日参照）

10）独立行政法人日本スポーツ振興センター「新国立競技場整備事業におけるユニバーサルデザインワークショップについて」：https://www.jpnsport.go.jp/newstadium/Portals/0/sonota/universaldesign-workshopnitsuite.pdf（2020年4月9日参照）

11）独立行政法人日本スポーツ振興センター「JAPAN SPORT NETWORK」（旧ホームページ）：https://www.jpnsport.go.jp/corp/gyoumu/tabid/514/Default.aspx（2020年6月27日参照）

12）独立行政法人日本スポーツ振興センター「JAPAN SPORT NETWORK」（新ホームページ）：https://www.jpnsport.go.jp/jsn/index.html（2020年4月17日参照）

Chapter 8

スポーツ統括団体とSDGs

公益財団法人日本スポーツ協会
スポーツプロモーション部
国際課 課長　　金谷　英信

1. はじめに

　本章では、スポーツ統括団体における SDGs に関する取組について、主に、わが国におけるスポーツ統括団体の代表的な組織である公益財団法人日本スポーツ協会（元日本体育協会、以下「JSPO」という。）及び公益財団法人日本オリンピック委員会（以下、「JOC」という。）について述べていきたい。

　なお、現時点では、JSPO と JOC において、「SDGs」や「持続可能な開発」という言葉を冠した事業や取組はあまり見受けられない。しかしながら、SDGs が 2015 年に採択され、政府、企業、メディアでも大きく取り扱われている状況で、当然、両団体において、SDGs を意識しており、両団体の事業や取組を散見すると関係があると思われる事業や取組がいくつか見受けられる。

　また、両団体が 2011 年に創立 100 周年を記念して公表した「ス

ポーツ宣言日本〜21世紀におけるスポーツの使命（以下「スポーツ宣言日本」という。）」[1]には、スポーツ界として、SDGsとどのように向き合っていけばよいか、また、スポーツを通してSDGsの17の目標にどのように貢献できるのかを検討するための考え方があると思われる。

　この後では、両団体の具体的な取組とSDGsとの関係性に触れながら、併せてスポーツ宣言日本について、紹介していきたい。

▌2．スポーツ統括団体におけるSDGsに関連する取組

⑴JSPOでの取組

①名称変更趣意書

　JSPOは、2018年4月1日からそれまでの日本体育協会から名称を変更しているが、名称変更の理由やこれまでの検討の経緯を「日本体育協会名称変更趣意書」[2]として取りまとめており、その中において、次のように述べている。

　「前略〜また、本会は、嘉納の意思を引き継ぎ、国際社会の動向を常に注視してきた。近年の国際的動向として、2015年に国際連合が採択した『持続可能な開発のための2030アジェンダ』では、スポーツは寛容性と尊厳を促進し、開発および平和への寄与、健康、教育、遍く人々の社会参画を促し支える目標への貢献等、持続可能な発展のための重要な鍵とされている。〜中略〜これらの提言の内容は、本会が考えるスポーツの解釈と軌を一にしている。本会は、スポーツをめぐる国際的動向に鑑みる時、今後とも国際社会と協調し、スポーツを一層推進していく責務がある。〜後略」

　これは、JSPOの資料において、初めてSDGsについて触れたもの

であり、組織の名称を体育からスポーツに変えるだけでなく、組織の方向性に国際的な視点を盛り込むことを指し示すものと理解できる。

　また、名称変更を行った際に、同日付で定款[3]に規定している目的も併せて改定している。それまでの法人の目的は、第3条に「この法人は、わが国、国民スポーツの統一組織として、スポーツを振興し国民体力の向上を図り、スポーツ精神を養うことを目的とする。」であったが、「この法人は、わが国におけるスポーツの統一組織としてスポーツを推進し、遍く人々が主体的にスポーツを享受し得るよう努めるとともに、フェアプレー精神を広め深めることを通して、多様な人々が共生する平和と友好に満ちた持続可能で豊かな社会の創造に寄与することを目的とする。」として、スポーツの発展のみならず、社会の発展に貢献していくことを明らかにし、併せて「持続可能」という言葉により、SDGsを意識したものとなっていることがうかがえる。

②国際交流・協力プラン2018-2022

　JSPOでは、2018年4月に「日本スポーツ協会スポーツ推進方策2018」[4]として、5年間の組織ビジョンを策定している。その中において、事業ごとにアクションプランを整備することとなっており、国際交流専門委員会においては、同年6月に「国際交流・協力プラン2018-2022」[5]を策定している。

　内容として、5つの施策を設定しており、「1. 韓国および中国とのスポーツ交流の充実」、「2. 日・韓・中ジュニア交流競技会の充実」、「3. 加盟団体等のスポーツによる国際交流の促進」、「4. ASEAN諸国におけるスポーツを通じた国際協力」、「5. スポーツ関連機関・団体との関係強化」となっている。

　図1のようにSDGsに触れ、スポーツを通じて貢献していくことが

図1　国際交流・協力プラン2018-2022
今後5年間の施策と本プランの構成

期待されると言及し、**図2**のように施策ごとに SDGs の目標との関係をアイコンにより示している。JSPO のアクションプランにおいて、SDGs に触れているものは、これが初めてであるが、ここでは、施策に関係されると想定される SDGs の目標が触れられているだけであり、施策の目標を達成することにより、どのように SDGs の目標に貢献するのかというように具体的に述べられていないことは、今後の課題であるといえる。

③スポーツ医・科学研究

　JSPO では、1947 年に「体育医事相談所」を開設し、スポーツ選手の健康管理や医事相談等に着手したことから、スポーツ医・科学の歴史が始まり、1975 年からは、競技力向上、選手強化に関する研究に加え、スポーツ医学、運動生理学、心理学、社会学などの様々な研究領

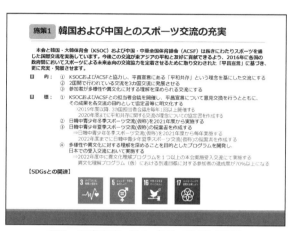

図2　国際交流・協力プラン2018-2022
施策1韓国及び中国とのスポーツ交流の充実

域から、わが国におけるスポーツを推進するための学際的医・科学研究プロジェクトを展開している。

　近年では、2019年度から「環境保護の視点からみるスポーツの持続可能性に関する調査研究」[6]と題し、体育・身体活動・スポーツを通じたSDGsの推進に貢献することや、「JSPOスポーツ環境委員会（仮称）」の設置を見据え、文献調査、ヒアリング調査および実地調査等を行い、「持続可能性」の前提・基礎となる「環境保護」の視点からスポーツの持続可能性の向上に資する基礎資料を提示するとともに、「スポーツと環境」に関する啓発教材の開発を目指している。今後の研究の蓄積により、スポーツを通じたSDGsの推進に資するエビデンスを活用した施策の展開が期待できるものである。

　また、2017年度から「スポーツ指導に必要なLGBTの人々への配慮に関する調査研究」[7]と題し、わが国での対応の遅れが指摘されて

chapter 8　スポーツ統括団体とSDGs　113

いる LGBT の人々への配慮ある身体活動・スポーツ空間をめざし、実態調査にもとづく課題抽出と対策の分析を行い、啓発リーフレット等の作成や講習会を開催し、社会に還元することを目的とした研究活動を進めている。2019 年 12 月には、「体育・スポーツにおける多様な性のあり方」講習会を開催し、セクシャル・マイノリティ当事者であることを公表している現役アスリートと専門家の対談や、多様な性のあり方に関する最近の国際情勢、スポーツ指導者の意識調査の結果、競技団体が実施している先進事例などの紹介を行った。また、2020年 2 月には、公認スポーツ指導者、中央競技団体、都道府県体育・スポーツ協会等へのアンケート調査や、法的根拠に基づく課題の整理、当事者や専門家へのヒアリングを実施し分析を行い、その成果をまとめた啓発ハンドブックとして「体育・スポーツにおける多様な性のあり方ガイドライン〜性的指向・性自認（SOGI）に関する理解を深めるために〜」（図 3）をまとめ公表している。この啓発ハンドブックは、選手や指導者をはじめ、すべてのスポーツ関係者が多様な性のあり方について考え、LGBT などの性的指向・性自認（SOGI）について理解を深め、行動するための参考資料となることをめざして作成されたものであり、SDGsの目標の「目標 5．ジェンダー平等を実現しよう」[8] に貢献する取組であるといえる。

図 3　体育・スポーツにおける多様な性のあり方ガイドライン〜性的指向・性自認（SOGI）に関する理解を深めるために〜

⑵ JOC での取組

　JOC は長年にわたり、スポーツと環境について取り組んできた歴史があり、2001 年にスポーツ環境委員会 (現、スポーツ環境専門部会) を設置し、今日までスポーツと環境に関する啓発・実践活動を推進している[9]。その以前から、国際社会においては、オリンピック開催と環境保全問題が顕在化しており、1972 年に札幌で開催された第11 回オリンピック冬季競技大会の恵庭岳ダウンヒルコースを大会終了後、植林を行い原野に復元させたことや、1976 年には、第 12 回オリンピック冬季競技大会の開催地について、経済問題と環境問題の影響で、アメリカのデンバーが大会開催を返上し、急遽、オーストリアのインスブルックに変更したことがあげられる。その後、1990 年まで、国際オリンピック委員会 (IOC) は、様々な形で環境保全団体からの抵抗運動にあっていたが、当時のサマランチ IOC 会長が、オリンピック・ムーブメントに環境保全を加え、「スポーツと文化と環境」の 3 つの柱となったことに始まり、積極的に環境保護に乗り出すこととなった。

　それに呼応するように JOC では、2001 年の委員会設置以降、環境啓発のためのポスターやバナー作成・掲示、パンフレット等の啓発資料の作成、既存の印刷物への環境保全の啓発記事掲載、啓発映像の作成等に取り組み、2003 年には、NOC において世界で最初に環境マネジメントシステム認証規格である「ISO14001」の認証登録を受けている。また、2004 年に第 1 回スポーツと環境担当者会議を、2005 年には、第 1 回 JOC スポーツと環境・地域セミナーを開催し、現在まで、加盟競技団体や JOC パートナー都市等にも環境啓発・保全の取組を促している。加盟競技団体においては、スポーツと環境を取り扱う委員会とスポーツ環境担当者の設置、各種大会・会議等でのポスターやバナーなどの掲示、スポーツと環境に関するレクチャーの

実施、大会会場でのごみの分別、会場周辺でのごみ拾いなどの取組を実践している。このような JOC 及び加盟競技団体の環境啓発・保全の取組は、2004 年から毎年、活動報告書として取りまとめ、冊子の発行と併せ JOC ホームページにおいて、広く公開されている。[10]

【環境基本理念】

　公益財団法人日本オリンピック委員会 (JOC) は、オリンピック・ムーブメントを通じ、世界平和運動とスポーツ振興に寄与する目的に基づき、JOC 事務所の環境への取り組みを実践し、環境マネジメントシステムの継続的改善を行うことにより地球環境の保全に貢献する。

【行動指針】

1．JOC 事務所において、電力の節減、紙の有効利用などの省資源及び資源のリサイクルを推進する。
2．新たに物品を調達するにあたってはグリーン購入を優先する。
3．環境に関する法的要求事項及び、その他の要求事項を遵守する。
4．環境の教育啓発活動の推進によって、全ての職員が環境方針を理解し、その実現に努めるとともに、環境方針を外部にも公表する。

　　　　　　　　　　　公益財団法人日本オリンピック委員会
　　　　　　　　　　　　　　会　長　　山　下　泰　裕

図4　JOC 環境基本理念と行動指針（2006年3月〜）

以上のように、JOC における取組は、スポーツを通じた環境保護の啓発と環境保全の実践において実績を積み重ねてきており、スポーツと環境への意識の高まりなど、一定の評価がなされるものと言えよう。SDGs への貢献という観点においても、スポーツ界の模範となる取組の一つであると言うことができると思われる。しかしながら、2015 年には、IOC のスポーツと環境委員会が持続可能性とレガシー委員会に改組され、環境問題のみならず、その射程を広げているところであり、東京オリンピック・パラリンピック競技大会の持続可能性への取組との関連も含め、JOC において今後の活動範囲をどのように設定していくのか、その動向が注目される。

3. スポーツ宣言日本と SDGs

⑴スポーツ宣言日本とスポーツの使命

　「スポーツ宣言日本」は、JSPO と JOC の前身である大日本体育協会の創立 100 周年を記念し、2011 年 7 月に公表された。大日本体育協会の初代会長、嘉納治五郎氏が創立趣意書に表した志を受け継ぎ、現代化したものと言えるものである。JSPO においては組織のミッションに位置付けられている。この宣言の冒頭には、スポーツの概念として、「スポーツは、自発的な運動の楽しみを基調とする人類共通の文化である」と明確に規定され、この定義において、重要な点は「自発的」であり、スポーツは誰にも強制されるものではないという点である。宣言では、自らスポーツに取り組み、その楽しさや喜びの享受が無ければ、何の結果も生み出さないという基本的な捉え方が表され、スポーツが主体、主語になって、その価値や意義を創造していくという立場をとっている。

スポーツ宣言日本～21世紀におけるスポーツの使命（宣言部分のみ抜粋）

宣言

　スポーツは、自発的な運動の楽しみを基調とする人類共通の文化である。スポーツのこの文化的特性が十分に尊重されるとき、個人的にも社会的にもその豊かな意義と価値を望むことができる。とりわけ、現代社会におけるスポーツは、暮らしの中の楽しみとして、青少年の教育として、人々の交流を促し健康を維持増進するものとして、更には生きがいとして、多くの人々に親しまれている。スポーツは、幸福を追求し健康で文化的な生活を営む上で不可欠なものとなったのである。

　既にユネスコは、1978年の「体育とスポーツに関する国際憲章」において、スポーツが全ての人々の基本的な権利であることを謳っている。しかし、今もなお、様々な理由によりスポーツを享受できない人々が存在する。したがって、遍く人々がスポーツを享受し得るように努めることは、スポーツに携わる者の基本的な使命である。

　また、現代社会におけるスポーツは、それ自身が驚異的な発展を遂げたばかりでなく、極めて大きな社会的影響力をもつに至った。今やスポーツは、政治的、経済的、さらに文化的にも、人々の生き方や暮らし方に重要な影響を与えている。したがって、このスポーツの力を、主体的かつ健全に活用することは、スポーツに携わる人々の新しい責務となっている。

　この自覚に立って21世紀のスポーツを展望するとき、これまでスポーツが果たしてきた役割に加えて、スポーツの発展を人類社会が直面するグローバルな課題の解決に貢献するよう導くことは、まさに日本のスポーツが誇れる未来へ向かう第一歩となる。

　このことに鑑み、21世紀における新しいスポーツの使命を、スポーツと関わりの深い3つのグローバルな課題に集約し、以下のように宣言する。

一．スポーツは、運動の喜びを分かち合い、感動を共有し、人々のつながりを深める。人と人との絆を培うこのスポーツの力は、共に地域に生きる喜びを広げ、地域生活を豊かで味わい深いものにする。

　　21世紀のスポーツは、人種や思想、信条等の異なる多様な人々が集い暮らす地域において、遍く人々がこうしたスポーツを差別なく享受し得るよう努めることによって、公正で福祉豊かな地域生活の創造に寄与する。

二．スポーツは、身体活動の喜びに根ざし、個々人の身体的諸能力を自在に活用する楽しみを広げ深める。この素朴な身体的経験は、人間に内在する共感の能力を育み、環境や他者を理解し、響き合う豊かな可能性を有している。

　　21世紀のスポーツは、高度に情報化する現代社会において、このような身体的諸能力の洗練を通じて、自然と文明の融和を導き、環境と共生の時代を生きるライフスタイルの創造に寄与する。

三．スポーツは、その基本的な価値を、自己の尊厳を相手の尊重に委ねるフェアプレーに負う。この相互尊敬を基調とするスポーツは、自己を他者に向けて偽りなく開き、他者を率直に受容する真の親善と友好の基盤を培う。

　　21世紀のスポーツは、多様な価値が存在する複雑な世界にあって、積極的な平和主義の立場から、スポーツにおけるフェアプレーの精神を広め深めることを通じて、平和と友好に満ちた世界を築くことに寄与する。

現代社会におけるスポーツは、オリンピック競技大会等の各種の国際競技会において示されるように、人類が一つであることを確認し得る絶好の機会である。したがって、スポーツが、多様な機会に、グローバル課題の解決の重要性を表明することは極めて重要である。
　しかし、スポーツに携わる者は、そのような機会を提供するだけではなく、スポーツの有する本質的な意義を自覚し、それを尊重し、表現すること、つまりスポーツの21世紀的価値を具体化し、実践することによって、これらの使命を達成すべきである。その価値とは、素朴な運動の喜びを公正に分かち合い感動を共有することであり、身体的諸能力を洗練することであり、自らの尊厳を相手の尊重に委ねる相互尊敬である。遍く人々がこのスポーツの21世紀的価値を享受するとき、本宣言に言うスポーツの使命は達成されよう。
　スポーツに携わる人々は、これからの複雑で多難な時代において、このような崇高な価値と大いなる可能性を有するスポーツの継承者であることを誇りとし、その誇りの下にスポーツの21世紀的価値の伝道者となることが求められる。

平成23年7月15日
日本体育協会・日本オリンピック委員会創立100周年記念事業実行委員会
会長　森　喜朗

　宣言には、グローバルな課題解決に向けてスポーツが貢献できることとして、3つの使命が挙げられている。1つ目は、スポーツは、運動の感動や喜びの共有を通じて人と人との絆を培うという文化的特性を持っており、スポーツを通じた絆を培うことにより、人種や思想、信条等の異なる多様な人々が理解し合えることで、スポーツが、地域生活の豊かさへの貢献の可能性を持つということを述べている。21世紀はますます多様化が進み、地域に様々な人たちが存在し、その中で、差別無く、どのような人であっても楽しめるスポーツは、公正で福祉豊かな地域社会の創造に寄与できる可能性があるとうたわれている。
　次に2つ目は、スポーツを通じて、我々は自由に身体的諸能力を発揮するが、その素朴なからだの喜びに根差した活動は、我々に共感の能力を育ませてくれる。21世紀において情報化社会が急速に進展しているが、そのような中で結果的に身体的諸能力の発達を妨げている側面もある。しかし、スポーツは身体的な諸能力を発揮し、それを洗

練化させ、研ぎ澄ましていくことができ、これによって他者の痛みや自然環境の破壊への思いといった感覚を、からだを通して受け止めることが可能となることを述べている。スポーツは、環境と共生の時代を生きるライフスタイルの創造に寄与する可能性があるとうたわれている。

　最後に3つ目は、我々が何故スポーツをプレーできるかといえば、対峙する相手が自分を尊重してくれるという思いが相互にあるからであり、この相互尊敬を基調とする文化的特性を持つスポーツは、真の親善と友好の基盤を培う可能性を持つということを述べている。21世紀は、ますます国民、国家を越えて複雑な様相を呈しており、我々はフェアプレーの精神を積極的に推し広げていくことで、結果的に平和と友好に満ちた世界の構築に寄与できるのではないかとうたわれている。

　宣言の最後には、以上の3つのスポーツの使命について、我々は自覚を持って次の世代にバトンタッチしていかなければならず、宣言におけるスポーツの使命の達成とは、すべての人々がスポーツの21世紀的な価値を享受することであり、スポーツに携わる全ての人々がその価値を伝えていく伝道者となることが求められているとうたわれている。[11)]

⑵スポーツ宣言日本とSDGs

　これまで述べたようにスポーツ宣言日本では、スポーツの定義を明らかにしつつ、グローバルな課題解決に向けてスポーツが貢献できることとして3つの使命を挙げている。この3つ使命は、17の目標のすべてに合致するものではないが、「公正で福祉豊かな地域社会の創造への寄与」では、「目標4．質の高い教育をみんなに」、「目標5．ジェ

ンダー平等を実現しよう」、「目標 10. 人や国の不平等をなくそう」を、スポーツを通じて実現する上で重要な視点であり、目標に貢献しうるものであると考えられる。また、同様に「環境と共生の時代を生きるライフスタイルの創造への寄与」は、「目標 6. 安全な水とトイレを世界中に」、「目標 7. エネルギーをみんなに、そしてクリーンに」、「目標 13. 気候変動に具体的な対策を」、「目標 14. 海の豊かさを守ろう」、「目標 15. 陸の豊かさも守ろう」に、「平和と友好に満ちた世界の構築への寄与」は、「目標 16. 平和と公正をすべての人に」にそれぞれ繋がるものであると考えられる。

　なお、スポーツ宣言日本が言及しているスポーツの価値や意義は、自らスポーツに取り組み、その楽しさや喜びを享受することで生み出されるものであり、ここで忘れてはならないことは、SDGs のためにスポーツを手段的に活用することではないことである。

▌4．今後のスポーツ統括団体に求められる役割

　これまでスポーツ界において、SDGs に関して何も取り組んでこなかったわけではないが、スポーツ界での取組が SDGs の 17 の目標とどのように関係しているのかを自ら率先して発信してこなかったと思われる。スポーツ統括団体においては、今後、他のスポーツ団体が参考となるように、自身の団体の既存事業において、スポーツを通じた SDGs への貢献を具体的な記述により、明らかにすることやそれに基づいた活動や取組の実践が求められる。なお、17 の目標のすべてに対応していくことは難しく、スポーツ界全体での方針の策定や各スポーツ団体の持つ経営資源を踏まえ、何ができるかを検討してくことが必要であり、スポーツ統括団体にはリーダーシップを発揮し、各団

体の担当を調整するなどの役割を担うことが期待される。

　また、アスリート、スポーツ指導者、保護者、子どもといったスポーツにかかわるすべての人々やスポーツ少年団、総合型地域スポーツクラブ、体育協会、競技団体などの様々な団体に対し、SDGs への理解を促進するための取組が求められる。

　これまで、「スポーツの力」といった言葉で、世間に説明してきた「スポーツの価値」を社会に発信していく際に、SDGs に関連した取組を重ねていくことで、社会の様々な分野における共通言語として SDGs の目標に置き換えたり、関連づけたりすることにより、社会に理解されやすくなることが期待される。SDGs を情報発信のツールとして、チャネルとして活用することで、企業、行政、国民（市民）、他分野の団体・組織に対し、スポーツ界への理解と連携が進み、スポーツの可能性を広げることが期待される。

　スポーツ統括団体においては、スポーツの推進を通じて社会の発展に貢献していくことを組織のミッションとして打ち出している以上、それに対する具体的行動を示さなければならないと統括組織の一員として自責の念を込めて言及したい。

●引用・参考文献
1）日本体育協会・日本オリンピック委員会創立 100 周年記念事業実行委員会．（2011 年 7 月）．スポーツ宣言日本〜 21 世紀におけるスポーツの使命 [https://www.japan-sports.or.jp/about/tabid994.html#01]
2）公益財団法人日本体育協会．（2017 年 7 月）．日本体育協会名称変更趣意書 [https://www.japan-sports.or.jp/Portals/ 0 /data/somu/doc/Meishou_Henkou.pdf]
3）公益財団法人日本スポーツ協会．（2019 年 6 月）．公益財団法人日本スポーツ協会定款 [https://www.japan-sports.or.jp/Portals/ 0 /data/

somu/doc/teikan2019.06.21.pdf]

4) 公益財団法人日本スポーツ協会．(2018 年 4 月)．日本スポーツ協会スポーツ推進方策 2018 [https://www.japan-sports.or.jp/about/tabid149.html#01]

5) 公益財団法人日本スポーツ協会．(2018 年 6 月)．国際交流・協力プラン 2018-2022 [https://www.japan-sports.or.jp/Portals/ 0 /data/kokusai/doc/Int_ActionPlan2018-2022.pdf]

6) 公益財団法人日本スポーツ協会．環境保護の視点からみるスポーツの持続可能性に関する調査研究：https://www.japan-sports.or.jp/medicine/tabid522.html#201903

7) 公益財団法人日本スポーツ協会．(2020 年 2 月)．体育・スポーツにおける多様な性のあり方ガイドライン〜性的指向・性自認 (SOGI) に関する理解を深めるために〜 [https://www.japan-sports.or.jp/medicine/tabid1242.html#01]

8) 国際連合広報センター．スポーツと持続可能な開発 (SDGs)：https://www.unic.or.jp/news_press/features_backgrounders/18389/

9) 公益財団法人日本オリンピック委員会スポーツ環境専門部会．(2020 年 6 月)．令和元年度 JOC スポーツ環境専門部会活動報告書 [https://www.joc.or.jp/eco/pdf/report_2019.pdf]

10) 公益財団法人日本オリンピック委員会．スポーツと環境：https://www.joc.or.jp/eco/

11) 文部科学省、生涯スポーツ・体力づくり全国会議実行委員会．(2012 年)．生涯スポーツ・体力づくり全国会議 2012 報告書

Chapter

9

JリーグとSDGs
—Jリーグをつかおう！社会のために—

公益社団法人日本プロサッカーリーグ
社会連携本部　本部長　　**鈴木　順**

　開幕25周年を迎えた2018年にJリーグが世の中に発信したメッセージは「Jリーグをつかおう！」であった。この年をスタートとし、Jリーグでは社会連携推進本部を立ち上げクラブと地域のさらなる関係の深化を目指している。この活動は各クラブやリーグが行ってきた地域貢献、社会貢献活動がベースとなっている。そこで本章ではこれまでJリーグ、各クラブが取り組んできた地域貢献活動、社会貢献活動を紹介しつつ、2018年よりスタートしたシャレン！（社会連携活動）について紹介する。

1．Jリーグ

　Jリーグは1993年に設立された日本のプロサッカーリーグで、J1・18チーム、J2・22チーム、J3・16チームで構成されており、毎年上位リーグと下位リーグとで戦績や入れ替え戦でチームの入れ替

えが行われている。また、JFLなどのカテゴリーに属するJリーグ百年構想クラブが9クラブ認定されている。

　Jリーグは、公益財団法人 日本サッカー協会の傘下団体として、プロサッカーを通じて日本サッカーの水準向上及びサッカーの普及を図ることにより、豊かなスポーツ文化の振興及び国民の心身の健全な発達に寄与するとともに、国際社会における交流及び親善に貢献することを目的として設立された。

　また、理念として　①日本サッカーの水準向上及びサッカーの普及促進　②豊かなスポーツ文化の振興及び国民の心身の健全な発達への寄与　③国際社会における交流及び親善への貢献　を掲げており、サッカーのみではなくスポーツ全般の普及やスポーツを通した国際交流なども積極的に行うことも理念に掲げている。

▌2．Jリーグ百年構想

　Jリーグは1993年の発足以来、サッカーを通してあらゆるスポーツを老若男女が楽しめる豊かな国をめざしたいという思いから、「Jリーグ百年構想　〜スポーツで、もっと、幸せな国へ。〜」というスローガンを掲げてスポーツ振興に取り組んできている。

　具体的には以下の3つを掲げている。

・あなたの町に、緑の芝生におおわれた広場やスポーツ施設をつくること。

・サッカーに限らず、あなたがやりたい競技を楽しめるスポーツクラブをつくること。

・「観る」「する」「参加する」。スポーツを通じて世代を超えた触れ合いの輪を広げること。

誰もが気軽にスポーツを楽しめるような環境が整ってはじめて、豊かなスポーツ文化ははぐくまれる。そのためには、生活圏内にスポーツを楽しむ場が必要となる。そこには、緑の芝生におおわれた広場やアリーナやクラブハウスがある。誰もが、年齢、体力、技能、目的に応じて、優れたコーチの下で、好きなスポーツを楽しむ。「する」「観る」「支える」、スポーツの楽しみ方も人それぞれである。

　Jリーグは、2014年にこの「Jリーグ百年構想」をより多くの方々に、より身近にわかりやすく伝えていくために、人々のスポーツへのさまざまな関わりを表現した「DO! ALL SPORTS」というキャッチフレーズを掲げた。あらゆるスポーツを行う（Play Sports）だけでなく、スポーツを観る、語る、応援するといった、生活の場に根付いたスポーツとのかかわりを推進することで、豊かなスポーツ文化の醸成を目指している。

3．Jリーグによる社会貢献活動（ホームタウン活動）

①ホームタウン活動

　Jクラブは地域に愛されるクラブとなるために、ホームタウンの人々と心を通わせるためのさまざまな活動を実践している。Jリーグでは、ホームタウン会議などを通じて、各クラブのホームタウン活動の共有や情報交換、各種調査などを行い、同活動を推進している。

　Jリーグでは、Jクラブの本拠地を「ホームタウン」と呼んでいる。「Jリーグ規約」には、Jクラブはホームタウンと定めた地域で、その地域社会と一体となったクラブづくりを行いながらサッカーの普及、振興に努めなければならないことが記されている。つまり、ホームタウンとは、「本拠地占有権」、「興行権」の意味合いの強い「フランチャ

イズ」とは異なり、「Jクラブと地域社会が一体となって実現する、ス
ポーツが生活に溶け込み、人々が心身の健康と生活の楽しみを享受す
ることができる町」を意味している。

②地域＋愛称

　Jリーグが目指す「地域に根差したスポーツクラブ」とは、ホーム
タウンの住民・行政・企業が三位一体となった支援体制を持ち、その
町のコミュニティーとして発展するクラブをいう。

　Jリーグがスポーツエンターテインメント以上の価値を持つのは、
Jクラブが地域に根差しながら、ホームタウンのシンボルとして存在
するところにある。

　シーズン中、ほぼ2週間に一度訪れるホームゲーム開催日には、ス
タジアムを中心に祝祭空間が町に広がり、スタジアムにはわが町の名
を叫んでチームを応援するファン・サポーターの姿がある。地域を代
表する存在だからこそ、Jリーグはチームの呼称を「地域名＋愛称」
としている。

　また、チームの呼称を「地域名＋愛称」とすることで、Jクラブは
ホームタウン住民・行政・企業の理解と協力を得やすくなり、経済的
に自立することができる。Jクラブが経済的に自立してはじめて、地
域に根差したスポーツクラブとして地域のスポーツ文化の醸成に貢献
できると考えている。

　クラブの拠点となるクラブハウスは、トップチームの練習場だけで
なく、地域の人々が集うことのできる、コミュニティーの中心になっ
ている。

　街を彩るクラブカラー。週末になると、レプリカユニフォームに身
を包み、スタジアムに向かう人々。クラブの存在は、街の姿をつくる。

Ｊクラブは、地域のイベントへの参加や、街の清掃活動など、さまざまな活動を通じて街づくりに参加している。

③教育
　Ｊリーグのクラブは、これまでに蓄積したノウハウを広く、積極的に地域社会に還元するため、さまざまな活動を実施している。その一つが人材の育成などを目的とした、教育機関との連携である。クラブが関係者を講師として大学に派遣し、スポーツマネジメントに関する講座を開いたり、サッカーの実技指導などを行っている。また、クラブはインターンシップとして学生たちを受け入れ、大学の単位を取得できるシステムもある。人材の交流や施設の充実に大きな役割を果たすこうした活動は、地域密着という「Ｊリーグ百年構想」の理念とも一致する。
　地域と共に子どもたちを育てるＪクラブでは、子どもたちが学ぶ機会を、地域と一緒になってつくっている。スポーツをきっかけに、スポーツの枠から飛び出して、知識や教養を広げることも、ＪリーグとＪクラブが果たすべき重要な役割である。
　Ｊクラブでは選手が地域の学校を訪問したり、気軽に取り組める教養講座や、社会体験の機会の提供などを行っている。

④環境
　地域の一員として、地球環境に配慮したエコロジー活動に取り組むＪクラブが増えている。スタジアムで販売する飲み物を、紙コップではなく「マイカップ」や「リユースカップ」にするなどゴミを減らす活動、スタジアム内のゴミの再生利用、また、町の清掃活動など、その活動はホームタウンへも広がっている。

Ｊリーグと Ｊ クラブは今後も、地域の環境団体、自治体、あるいは環境省などと力を合わせて、エコロジー活動を推進していく。

４．Ｊリーグによる国際協力
　—アジアサッカーへの貢献—

①これまでのアジア諸国との関わり

　Ｊリーグは、これまでアジアサッカーの発展を視野に入れ、アジア諸国との交流を行ってきた。

　2012 年に Ｊ リーグがアジア戦略を本格的にスタートする前にも、競技面でのレベルアップや各国の切磋琢磨を目的に、隣国の中国 Ｃ リーグ、韓国 Ｋ リーグと、各国リーグのチャンピオンチームが対戦する「A3 チャンピオンズカップ」(2003 〜 06 年) や 、Ｊリーグ、Ｋリーグのオールスターチームの対戦 (2008、09 年) などの大会を開催してきた。これらの大会の開催によって、リーグやクラブ関係者の交流、情報の共有、ノウハウのシェアなど、競技面にとどまらない交流を図ることができた。

　Ｊクラブも、2004 年にアルビレックス新潟のチーム「アルビレックス新潟シンガポール」によるシンガポールＳリーグへの参加や、浦和レッズが実施する普及活動を「浦和レッズハートフルクラブ in アジア」としてアジア諸国で開催するなど、独自に交流を推進してる。

②アジア市場の拡大への貢献

　Ｊリーグは、アジアにプロサッカーの大きな市場が生まれ、その中心に Ｊ リーグが位置することで、競技面、ビジネス面の両方において、日本が欧州とは異なるスタイルのサッカー大国となりうると考えている。

そのためには、アジア諸国においてＪリーグの位置付けを確固たる
ものとすること、パートナーやＪクラブの新しい事業機会を創出する
ことが不可欠となる。

　それらを実現するため、2012年から、テレビ放送を利用したアジ
ア諸国でのＪリーグの露出拡大、Ｊリーグがこれまで培ってきたノウ
ハウをアジア諸国と共有することや、現地でのサッカークリニック、
イベントなどの実施、ASEAN（東アジア諸国連合）のリーグとパート
ナーシップ協定締結など、具体的な活動を進めている。また、Ｊリー
グはスポーツの分野から世界に輸出できる日本の産業として、Ｊリー
グを「ジャパンブランド」の一つと位置付けることを提案し、経済産
業省が取り組む「クール・ジャパン戦略」、総務省、外務省、国際交流
基金、JICA（独立行政法人国際協力機構）等と連携しながら、新たな
ビジネス機会の創出や、日本経済の発展に寄与することを目指してい
る。これらを遂行するため、Ｊリーグ内に「アジア室」を設立し、Ｊリー
グ、Ｊクラブ、パートナーの新規事業開拓を行っている。

〈Ｊリーグアジア戦略について〉

　2012年、Ｊリーグ内にアジア戦略室（現在はアジア室）を設立した。
アジア全体のサッカーのレベルアップをＪリーグが主導して促進し、
世界のサッカー市場におけるアジアの価値向上を目指す。また、アジ
アの中でＪリーグのプレゼンスを高め、パートナーやリーグ、クラブ
の新規事業機会を創出し、将来的にアジアの内でリソースを最大化さ
せることを目的とする。

③各国プロリーグとの関わり

　Ｊリーグは、2012年に、タイプレミアリーグ（2月）とのパート
ナーシップ協定の締結を皮切りに、アジア各国との連携を強化してお

り、2015年1月現在、タイ、ベトナム、ミャンマー、カンボジア、シンガポール、インドネシア、イランの7か国とパートナーシップ協定を締結している。

　Jリーグが海外のリーグとパートナーシップ協定を締結するのは初の試みであり、相互のサッカーならびにリーグの発展に必要な情報の交換を図り、関係国の競技力向上や、アジアサッカーのレベルアップにつながるためのさまざまな取り組みを行うことを目的としている。

▌ 5．Jリーグ社会連携本部　シャレン！

①「社会連携活動（通称：シャレン！）」とは

　社会課題や共通のテーマ（教育、ダイバーシティ、まちづくり、健康、世代間交流など）に、地域の人・企業/団体（営利・非営利問わず）・自治体・学校等とJリーグ・Jクラブが連携して、取り組む活動である。

　3者以上の関係者と、共通価値を創る活動を想定しており、これらの社会貢献活動等を通じ、地域社会のサスティナビリティ確保、関係性の構築と学びの獲得、それぞれのステークホルダーの価値の再発見につながるものと考えている。また、Jリーグはシャレン！を通じて、SDGsにも貢献している。

②背景（世界でいちばん地域を愛するプロサッカーリーグになりたい。）

　開幕25周年を迎えた2018年、Jリーグが世の中に発信したメッセージは「Jリーグをつかおう！」であった。周年記念のイベントは盛大なパーティではなく、地域の活動に参加したいと考える人、学生、選手OB、企業人、クラブ関係者など、実に多彩な約300人が知恵を出し合い、「Jリーグをつかって」何ができるかを考えるワークショッ

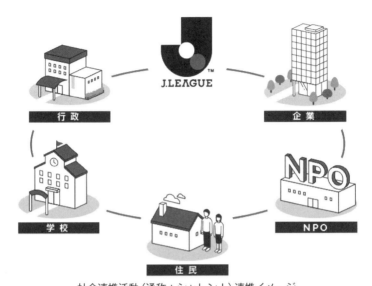

社会連携活動（通称：シャレン！）連携イメージ
出典：Ｊリーグシャレンサイト https://www.jleague.jp/sharen/about/

プを開催した。

　これが社会にＪリーグを世の中に開いていく第一歩となった。

　地域に根差したホームタウン活動を行うＪクラブは、地域とのつながりをさらに深め、その思いを共有できる仲間とともに、共通の課題を解決し、地域の笑顔を増やすための活動＝「シャレン！」に取り組んでいる。

　事例共有やノウハウの蓄積が進むと共に、アクションの質が高まり、さらなる加速と広がりをみせてくれると考えている。これまで育んできたスポーツの持つ価値を世の中に開き、一人でも多くの人に届けることが、笑顔あふれる豊かな地域社会づくりにつながると思っている。

また、各クラブは年平均450回ほどのホームタウン活動を実施している。その総計は年2万5千回を超える。これからはクラブ単独ではなく、より多くの人と連携すれば、もっと社会性が高く、持続可能な地域活動ができると考えたのがシャレン立ち上げの理由ともなった。「シャレン」にはJリーグ以外の人や組織にJリーグのアセットを活用してもらい、地域の社会的課題を解決してもらうという意味が込められている。各クラブはすでにホームタウン活動を通じて、地域とさまざまなパイプを築いている。クラブがハブとなり、地域の企業やコミュニティーがスポークとして広がっているが、「シャレン」では、リーグ・クラブの構造、ホーム＆アウェイの構造も活かして、それぞれが抱える社会的課題の解決を目指す。

③事業内容

　Jリーグはシャレン活動の提案を募集し、クラブとマッチングさせる場を設けている。地域性からの提案もあるし、テーマ性からの提案もある。また、従来のホームタウン活動をブラッシュアップするような提案もある。シャレンではマッチングの機会をキャンプと呼んでいるが、これまで南関東エリアと中国四国および関西エリアで各クラブが集まるキャンプを行った。社会的課題には地域性があるため、地域ごとのキャンプにしている。

●シャレン！キャンプ

　「シャレン！キャンプ」は、シャレン！活動のアイデアをクラブと共に広げ深める場所である。2019年8月に第一回目のシャレン！キャンプを実施し、30以上の応募が集まった。今の体制では一気に30プロジェクトをサポートするのは難しいと思い、6プロジェクトに絞り、企業とのマッチングや企画のブラッシュアップを行った。

●シャレン！アウォーズ

　シャレン！アウォーズとは、全クラブがエントリーしたシャレン！活動の中から、特に社会に幅広く共有したい活動を表彰するイベントである。一般投票・表彰選考委員会を経て各賞を決定、毎年5月に実績を讃え、表彰式を行う。2019年に全国56クラブが行ってきたシャレン！活動の紹介と、アナタがいいね！と思う活動への投票を実施した。

⑦シャレン活動事例（2019年）
●大宮アルディージャ　―手話応援デー―

　障がいのある人もない人も一緒に大宮アルディージャを手話で応援しようと、2006年からスタート。一時中断時期はあったが、2020シーズンで12回目を迎えるクラブの代表的な社会連携活動のひとつ。当日は、スタンドでの応援だけでなく啓発、手話体験、聴導犬等PRのブースもあり、スタジアム全体が手話応援に関わることができる仕組みとなっている。また、選手も手話応援デーTシャツを身に着けてピッチへ入場する。毎日興業株式会社の田部井様へ、地元経済会代表から「アルディージャのために何かしてほしい」と声がかかり、ノーマライゼーションの普及を目的としてみんなで一体となって応援できる企画を考案し実現した。

●FC東京　―少年院の少年たちの社会復帰サポート活動―

　多摩少年院の体育で「サッカー教室」を実施したことをきっかけに、ホームタウンにおいて誰も取り残されることのない社会の実現を目指し、地元にある多摩少年院の少年たちの社会復帰をさらに支援すべく、彼らの「職業訓練（職場体験）」にも協力することに。トップチームの練習グランド・クラブハウスに迎え入れ、グランドキー

パーやホペイロの業務体験、さらに選手との対談の機会を提供してきた。本人と家族だけではなく、そもそも貧困問題を含めた社会にも原因があり、また就労人口が減少する今後の社会で彼らにも次の活躍が期待されているため、一般都民にも関心を多く寄せてもらいたく、FC東京も積極的に関わりその発信にも努めている。

● 徳島ヴォルティス

　—ヴォルティスコンディショニングプログラム（SIB）—

　徳島ヴォルティスはホームタウンへの貢献活動として年間400回以上の活動を継続してきていたが、その殆どがボランティアでの取組みでもあり、活動の拡大にも限界がある為、次のステップとして事業化による活動の広がりや雇用の拡大を模索していた時、SIB事業の情報を知り、取組みを開始した。具現化に向けて、自治体の協力が必須であるが成果連動型の取組み、SIBの考え方に美馬市長からの賛同を得ることができ、また市長のリーダーシップによる美馬市としての協力体制があり、案件組成まで進むことができた。また、SIBのポイントであるKPIの設定については、経済産業省や外部シンクタンクの協力を得て設定、合意することができた。

● ガイナーレ鳥取

　—芝生で地域課題解決！「しばふる」で街も人も笑顔に！—

　チュウブYAJINスタジアムの施設管理で培った芝生ノウハウをもとに複数の協力者と立ち上げた芝生生産プロジェクト。「地域社会の一員としてお役に立つ」という想いから地域課題である米子市の遊休農地（耕作放棄地）を借りて芝生を生産。生産はスタッフだけでなく、企業協力や障碍者による軽作業協働など地域を主語にした多面的なプロジェクトとなっています。生産した芝生は県内外問わずの教育施設や多目的広場、社屋等に販売。昨年は鳥取県トライ

アスロン協会や地元ケーブルテレビ局と一緒に芝生化クラウドファンディングを立上げ1,300万円を超え達成（山陰地方のギネス）。クラブの地域価値の向上、収益強化につながっています。

●川崎フロンターレ

—発達障がい児向けサッカー×ユニバーサルツーリズム—

　発達障害は、見た目にわかりにくく、社会認知度が高くないことから、本人と家族が日常において周囲から色眼鏡で見られたり、しつけがなっていないと言われたりすることが多く、外出や旅行をためらうケースが多いと言われています。また、発達障害児には、特性から感覚過敏の方も多く、人混みなどが外出等における障壁となっており、スポーツ観戦に関しても楽しむ前にあきらめてしまっている子どもも多いとも言われています。今回の取組は、このような社会の偏見や誤解を払拭し、「ユニバーサルデザイン2020行動計画」に掲げる「心のバリアフリー」を進め、誰もがスポーツや旅行を安心して楽しめる社会の実現に向けて取り組むものです。

　以上、Jリーグがこれまで行ってきたホームタウン活動から社会連携本部（シャレン！）まで紹介してきた。Jリーグはこれからも様々なステークホルダー（利害関係者）と連携しながらさらに社会から必要とされる存在となれるように積極的に行動していきたい。

●引用参考文献

Jリーグ公式サイト：https://www.jleague.jp/aboutj/
トラベルボイス観光産業ニュース：https://www.travelvoice.jp/20200215-144266

Chapter 10

浦和レッズとSDGs
──クラブ理念の実現のために

浦和レッドダイヤモンズ株式会社
コーポレート本部 課長 　**河野　宏**

　浦和レッズは2019年7月、Jリーグクラブとしてはいち早く、SDGsに取り組むことを宣言した。それから1年余、新型コロナウイルスの影響もあり本格的な展開はこれからだが、クラブ理念とともに重要な指標として徐々にクラブ内に共有されるようになった。なぜ一Jリーグクラブが独自にSDGsへ取り組むのか。そこにはクラブ理念を実現し、地域や社会に貢献していくという強い想いがある。

　SDGsへの取り組み宣言の1年前、2018年の5月に浦和レッズはクラブ理念の見直しを行った。2014年2月に起きたホームゲームでサポーターが掲出した差別的な横断幕を巡りクラブ側の責任を問われ、Jリーグから無観客試合という厳しい制裁を受けた。その反省と再発防止策を具体化するうえで、クラブスタッフの「行動基準」を明確にしようとしたことが発端だ。

　クラブ内に「浦和レッズの理念を具現化する会」と名付けたプロジェクトチームを作り、従来の理念や行動規範を時間をかけて整理し、言

語化する作業を進めた。理念の浸透などに定評のあるさまざまな企業を訪問し、考えや浸透について学んだり、浦和レッズに過去に関わった方とのヒアリングを重ね、また全クラブスタッフに当時の活動理念に関するアンケート調査を実施するなど、その作業は約2年半にも及んだ。こうして長い時間をかけてできあがったのが「浦和レッズの宣言」である。同時に、その後25年に向けたビジョンや目指す姿も明確にした。

浦和レッズの宣言

　浦和レッズは、サッカーを初めとするスポーツの感動や喜びを伝え、スポーツが日常にある文化を育み、次世代に向けて豊かな地域・社会を創っていきます。

●根本的な活動方針
・浦和レッズは、社会の一員として、青少年の健全な発育に寄与します。
・浦和レッズは、地域社会に健全なレクリエーションの場を提供します。
・浦和レッズは、さいたまと世界をつなぐ窓になります。

●今後の25年に向けたビジョン
あらゆる分野でアジアナンバー1を目指す

●ビジョンを実現するための3つの目指す姿
強くて魅力あるチーム　安全・快適で熱気ある満員のスタジアム　自立し責任あるクラブ

ここに記載した宣言とビジョンに加え、浦和レッズが提供する世界観（レッズワンダーランド）、スタッフが目指す人物像（いつでも、どこでも、誰とでも仕事ができるオープンマインドとスキルを持ったプロフェッショナルな人物であることを目指します）、大切にする価値観（【本物志向】【調和】【革新と伝統】【誠実さ】【事業性】）といったキーワード、行動規範も定められた。

　次に取り組んだのが、クラブ内への理念の浸透だ。クラブの存在意義への理解を深め、クラブスタッフが一つになっていくためには何をすべきか、全クラブスタッフに対しアンケートを実施。クラブ内外に理念の存在を再認識してもらおうと、パネルやポスターを作成してクラブハウスやオフィス内に掲示したり、理念を１つにまとめた「クレド」を全クラブスタッフに配布した。また、新たに選手向けの理念（サッカーを極め、勝利を追求する）も策定。クラブがひとつの方向に向いていくことを徹底した。

SDGs が "行動基準" に

　理念の浸透策とほぼ同じタイミングで取り組んだのが、SDGsへの参画だ。「クラブ理念の実現のために実行しなくてはならないこと」──こうして従来クラブで行ってきた事業や取り組みについて、17ある「SDGs」の目標に寄与する活動に当てはめていく作業が始まった。
　たとえば試合運営は、『5.ジェンダー平等を実現しよう』、『11.住み続けられるまちづくりを』という目標に、ホームタウン活動と「レッズランド」の運営は、『3.すべての人に健康と福祉を』、『4.高い質の教育をみんなに』、『5.ジェンダー平等を実現しよう』、『11.住み続けら

れるまちづくりを』、『17. パートナーシップで目標を達成しよう』、地元の協議会と共同で進める埼玉スタジアムのアクセス改善は、『11. 住み続けられるまちづくり』、『13. 気候変動に具体的な対策を』、『15. 陸の豊かさを守ろう』という目標に沿ったもの…という具合だ。国連が提唱する「スポーツと持続可能な開発 (SDGs)」は次のとおりとなる。

1. 貧困をなくそう

目標1：あらゆる場所で、あらゆる形態の貧困に終止符を打つ

スポーツは、幸せや、経済への参加、生産性、レジリエンスへとつながりうる、移転可能な社会面、雇用面、生活面でのスキルを教えたり、実践したりする手段として用いることができます。

2. 飢餓をゼロに

目標2：飢餓に終止符を打ち、食料の安定確保と栄養状態の改善を達成するとともに、持続可能な農業を推進する

栄養と農業に関連するスポーツ・プログラムは、飢餓に取り組む食料プログラムや、この問題に関する教育を補完するうえで、適切な要素となりえます。対象者には、持続可能な食料生産やバランスの取れた食生活に取り組むよう、指導を行うことができます。

3. すべての人に健康と福祉を

目標3：あらゆる年齢のすべての人々の健康的な生活を確保し、福祉を推進する

運動とスポーツは、アクティブなライフスタイルや精神的な安寧の重要な要素です。非伝染性疾病などのリスク予防に貢献したり、性と生殖その他の健康問題に関する教育ツールとしての役割を果たしたりすることもできます。

4. 質の高い教育をみんなに

目標4：すべての人々に包摂的かつ公平で質の高い教育を提供し、生涯学習の機会を促進する

体育とスポーツ活動は、就学年齢児童の正規教育システムにおける就学率や出席率、さらには成績を高めることができます。スポーツを中心とするプログラムは、初等・中等教育以後の学習機会や、職場や社会生活でも応用できるスキルの取得に向けた基盤にもなりえます。

5. ジェンダー平等を実現しよう

目標5：ジェンダーの平等を達成し、すべての女性と女児のエンパワーメントを図る

スポーツを中心とする取り組みやプログラムが、女性と女児に社会進出を可能にする知識やスキルを身に着けさせる潜在的可能性を備えている場合、ジェンダーの平等と、その実現に向けた規範や意識の変革は、スポーツとの関連で進めることもできます。

6. 安全な水とトイレを世界中に

目標6：すべての人々に水と衛生へのアクセスと持続可能な管理を
確保する

スポーツは、水衛生の要件や管理に関するメッセージを発信する
ための効果的な教育基盤となりえます。スポーツを中心とするプ
ログラムの活動と意図される成果を、水の利用可能性と関連づけ
ることによって、この問題の改善を図ることもできます。

7. エネルギーをみんなに そしてクリーンに

目標7：すべての人々に手ごろで信頼でき、持続可能かつ近代的な
エネルギーへのアクセスを確保する

スポーツのプログラムと活動を、省エネの話し合いと推進の場と
して利用すれば、エネルギー供給システムと、これに対するアク
セスの改善をねらいとする取り組みを支援できます。

8. 働きがいも経済成長も

目標8：すべての人々のための持続的、包摂的かつ持続可能な経済成
長、生産的な完全雇用およびディーセント・ワークを推進する

スポーツ産業・事業の生産、労働市場、職業訓練は、女性や障害
者などの社会的弱者集団を含め、雇用可能性の向上と雇用増大の
機会を提供します。この枠組みにおいて、スポーツはより幅広い
コミュニティを動員し、スポーツ関連の経済活動を成長させる動
機にもなります。

9. 産業と技術革新の基盤をつくろう

目標9：レジリエントなインフラを整備し、包摂的で持続可能な産
業化を推進するとともに、イノベーションの拡大を図る

レジリエンスと工業化のニーズは、災害後のスポーツ・娯楽用施
設の再建など、関連の開発目標の達成をねらいとするスポーツ中

心の取り組みによって、一部充足できます。スポーツはこれまで、開発に向けたその他従来型のツールを補完し、開発と平和を推進するための革新的な手段として認識されており、実際にもそのような形で利用されてきました。

10. 人や国の不平等をなくそう

目標10：国内および国家間の不平等を是正する

開発途上国におけるスポーツの振興と、スポーツを通じた開発は、途上国間および先進国との格差を縮めることに貢献します。スポーツは、その人気と好意度の高さにより、手を差し伸べることが難しい地域や人々の不平等に取り組むのに適したツールといえます。

11. 住み続けられるまちづくりを

目標11：都市と人間の居住地を包摂的、安全、レジリエントかつ持続可能にする

スポーツにおける包摂と、スポーツを通じた包摂は、「開発と平和のためのスポーツ」の主なターゲットのひとつとなっています。気軽に利用できるスポーツ施設やサービスは、この目標の達成に資するだけでなく、他の方面での施策で包摂的かつレジリエントな手法を採用する際のグッドプラクティスの模範例にもなりえます。

12. つくる責任 つかう責任

目標12：持続可能な消費と生産のパターンを確保する

スポーツ用品の生産と提供に持続可能な基準を取り入れれば、その他の産業の消費と生産のパターンで、さらに幅広く持続可能なアプローチを採用することに役立ちます。この目的を有するメッセージやキャンペーンは、スポーツ用品やサービス、イベントを通じて広めることができます。

13. 気候変動に具体的な対策を

目標13：気候変動とその影響に立ち向かうため、緊急対策を取る

観光を伴う大型スポーツ・イベントをはじめとするスポーツ活動やプログラム、イベントでは、環境の持続可能性についての認識と知識を高めることをねらいとした要素を組み入れるとともに、気候課題への積極的な対応を進めることができます。また、被災者の間に絆と一体感を生み出すことで、災害後の復興プロセスを促進することも可能です。

14. 海の豊かさを守ろう

目標14：海洋と海洋資源を持続可能な開発に向けて保全し、持続可能な形で利用する

水上競技など、スポーツ活動と海洋とのつながりを活用すれば、スポーツだけでなく、その他の分野でも、海洋資源の保全と持続可能な利用を提唱できます。

15. 陸の豊かさも守ろう

目標15：陸上生態系の保護、回復および持続可能な利用の推進、森林の持続可能な管理、砂漠化への対処、土地劣化の阻止および逆転、ならびに生物多様性損失の阻止を図る

スポーツは、陸上生態系の保全について教育し、これを提唱する基盤となりえます。屋外スポーツには、陸上生態系の持続可能で環境にやさしい利用を推進するセーフガードや活動、メッセージを取り入れることもできます。

16. 平和と公正をすべての人に

目標16：持続可能な開発に向けて平和で包摂的な社会を推進し、すべての人々に司法へのアクセスを提供するとともに、あらゆるレベルにおいて効果的で責任ある包摂的な制度を構築する

スポーツは復興後の社会再建や分裂したコミュニティの統合、戦争関連のトラウマからの立ち直りにも役立つことがあります。このようなプロセスでは、スポーツ関連のプログラムやイベントが、社会的に隔絶された集団に手を差し伸べ、交流のためのシナリオを提供することで、相互理解や和解、一体性、平和の文化を推進するためのコミュニケーション基盤の役割を果たすことができます。

17. パートナーシップで目標を達成しよう

目標17：持続可能な開発に向けて実施手段を強化し、グローバル・パートナーシップを活性化する

スポーツは、ターゲットを絞った開発目標に現実味を与え、その実現に向けた具体的前進を達成するための効果的手段としての役割を果たします。スポーツ界は、このような活動の遂行その他を通じ、草の根からプロのレベル、また、民間から公共セクターに至るまで、スポーツを持続可能な開発に活用するという共通の目的を持つ多種多様なパートナーやステークホルダーの強力なネットワークを提供できます。

浦和レッズは従前より国連との結びつきがあり、SDGsへの参画はごく自然な流れであった。2009年にアジア・太平洋地区でさまざまな活動を行うNPO、国連の友アジア・パシフィック（以下「国連の友AP」）と提携関係を結び、スポーツを健康や少年教育、平和などに繋げることを目指す国連の公式プログラム「SPORTS FOR DEVELOPMENT AND PEACE」に参画してきた。クラブ独自の取り組み「SPORTS FOR PEACE!」を通じ、スポーツを通じた幸せや平和の実現を目指すというものだ。

2019年からは「SPORTS FOR PEACE！」を、浦和レッズにおける
SDGsの活動の中に取り入れ、「草の根国際交流」、「東日本大震災等支
援プロジェクト」、「安全なスタジアムづくり」、「差別撲滅の啓発活動」
に再定義した。

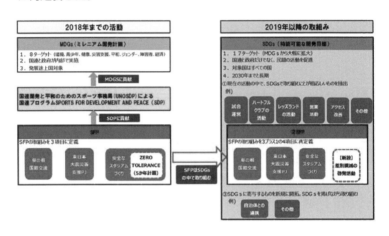

各部活動とSDGsとの関連性

部門	活動内容	該当するSDGs項目
ホームタウン	さいたま市との連携強化と地域課題の解決の協働	3 4 5 8 9 11 17
	ハートフルクラブを中心とした「スポーツの楽しさ」や「心を育む」活動	1 3 4 5 10 11 16
	スタジアムへの集客・レッズランドへの集客	3 4 5 11 16
マーチャンダイジング	応援グッズから周辺商品アイテムまでの品ぞろえの拡大	11 12
	計画的な商品制作、適正在庫を目指す。ライセンスの積極活用	12
	商品を通じたファンづくり	9 12
	多くの店舗でのレッズ商品の展開	9 11 12 17

148

部門	活動内容	該当するSDGs項目
パートナー	RBC・ビューボックスの拡販	17
	各部署との協業拡大	17
	試合日以外での新しいビジネスの検討	3, 4, 5
育成	世界で通用する選手の育成	5, 10, 17
	サッカーを通じた豊かな人づくり、人間形成	5, 10, 11, 17
スカウト	少年団・タウンクラブとの情報交換	11
	アカデミー出身者及びレンタル選手のフォロー	8

部門	活動内容	該当するSDGs項目
レッズランド	施設のフル活用	1, 3, 5, 11, 16, 17
	寄付金プログラム立ち上げ（理念賛同型）	11, 12, 16, 17
	地域(文化)活動を含めたコミュニティの醸成	2, 3, 5, 11, 16, 17
	「スポーツシューレ構想」連携	3, 4, 5, 10, 11, 16, 17
	駐車場、トイレの基盤整備	3, 4, 5, 11, 14

部門	活動内容	該当するSDGs項目
競技運営	スタジアムホスピタリティの向上	5, 11, 12, 16, 17
	席割に応じた飲食メニューの展開	12
	トラブル防止策と迅速適切な対応	3, 11, 16, 17
	サポーターとの対話や情報収集	3, 4, 11, 16, 17
	スタジアムへのアクセス改善	9, 11, 12, 13, 15
トップチーム／レディース	期限付き移籍の有効活用	8
	教育プログラムの推進	4, 8

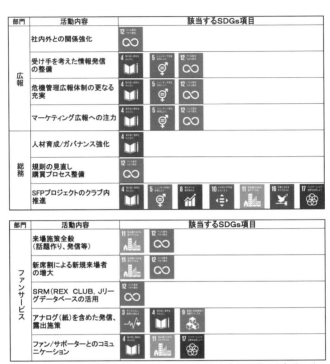

https://www.urawa-reds.co.jp/game/img/sfp_img.jpg

SDGs を意識した具体的な活動事例

　SDGsへの取り組み宣言から約1年が経過し、少しずつだがスタッフ間にSDGsに対する意識が浸透してきた。具体的な活動事例を紹介しておきたい。

●県立春日部女子高校の総合学習への協力（2019年7月〜11月）

　同校が行っている総合学習「探求授業」に協力。今回はSDGsをテー

マに、生徒が自分たちの視点で団体・企業に提案するという内容だ。生徒9名に対し、ホームスタジアムである埼玉スタジアム2002で浦和レッズに関する説明会を開催。また後日、浦和レッズの魅力を知ってもらうため、観戦学習会（試合観戦）を行った。生徒らからは「浦和レッズとSDGs」、「ファン増加についての考察」、「SDGsの実践を浸透させるには」のテーマ発表があり、オフィシャルサイトのSDGsページの改善、試合時には紙コップの消費量が多いことから、ゴミ削減のためのタンブラーの活用などが提案された。

●埼玉スタジアム飲食売店の食材・飲料を寄贈（2020年5月）

1. 貧困をなくそう

17. パートナーシップで目標を達成しよう

　新型コロナウイルスの影響により、2020年2月下旬から7月上旬まで、Jリーグの試合開催は中断となった。そのため試合に向けて用意した食材・飲料の行き場がなくなっている、と飲食売店事業者から相談があった。食材には消費期限があり、多大なフードロスが発生することは避けたい。保管コストもかさみ、また廃棄するにもお金がかかるという切実な問題だ。「この食材を必要としている方々に届けたい」――飲食売店担当者の想いが発端となり、行き場がなくなった食

材や飲料は、埼玉県内の子ども食堂の運営者で構成する「子どもネットワーク」に寄贈することになった。その後、同ネットワークを通じ、支援を必要としている子育て世帯に配布された。

　また、合わせて、新型コロナウイルスの影響により販売機会を失った飲食売店業者を支援するため、クラブが行ったクラウドファンディングに「グルメチケットで応援コース」を設けた。再開後、スタジアムの飲食売店で使用できるグルメチケットをリターン品とし、新型コロナウイルスの影響が大きい飲食売店事業者の支援を図った。

●さいたま市にマスク15,000枚を寄贈（2020年5月）
3. すべての人に健康と福祉を
17. パートナーシップで目標を達成しよう

　トップチームの宇賀神友弥、鈴木大輔、長澤和輝、柏木陽介、元浦和レッズ遠藤航の各選手、および地元企業のくさの工務店（さいたま市南区）の協力があり実現。市内医療機関ほか喫緊で必要とされる施設へ配布された。なお、寄贈したマスクのうち3,000枚（浦和レッズ分）には、国連の友APと共同で実施している「東日本大震災等支援プロジェクト」の支援金の一部が使用された。

●スタジアムを赤く染めよう（2020年7月）
11. 住み続けられるまちづくりを
12. つくる責任つかう責任

　新型コロナウイルスの影響で中断されていたJリーグは、無観客（リモートマッチ）で再開となった。初戦となった7月4日（土）の横浜Fマリノス戦は「ONE HEART MATCH」と銘打ち、観客のいないなかでも選手に最大の勇気を与えようと、クラブ一丸となってスタジアム

をクラブカラーの赤・白・黒で装飾 (演出) した。

　装飾用のビニールシートの調達にあたっては、この1試合だけのためではなく、他の用途も含めて継続利用することの条件が付せられた。約6万3,000席の観客席を装飾するのに用意されたビニールシートは合計約11万枚。まず、すべての席に赤のビニールシートをかぶせ、その後、試合毎にデザインを変えホームゲーム4試合、約1カ月間にわたり使用された。1カ月間、外気、雨風にさらされたため衛生的な観点でそれ以上2次利用することはほぼできなかったが、撤去のタイミングでファン・サポーターには持ち帰ってもらい、記念の品としての保管や再利用を促すことで、廃棄の発生を削減した。

●埼玉県に医療物資を寄贈 (2020年8月)
3.すべての人に健康と福祉を

8.働きがいも経済成長も

17.パートナーシップで目標を達成しよう

　浦和レッズのオリジナルマスクを販売し、その売上から諸経費 (商

品原価、消費税、オンラインショップ運営費用）を除いた医療物資を国連の友AP経由で購入し、埼玉県に寄贈した。埼玉県を通じ県立病院など必要とされる医療機関へ届けられた。

【寄贈した医療物資】

・防護服（1,500着）

・サージカルマスク（20,000枚）

・ニトリルグローブ（20,000枚）

・不織布キャップ（20,000枚）

・プラスチックガウン（1,000枚）

・フェイスシールド（1,000枚）※パートナー企業の三菱自動車より提供

浦和レッズは存続し続けなければならない

浦和レッズの使命は『スポーツの感動や喜びを伝え、スポーツが日常にある文化を育み、次世代に向けて豊かな地域・社会を創っていきます』という理念の実現だ。

スタジアムでの喜怒哀楽の感情、試合が近づくにつれ活気づく商店街の風景、サッカースクールでの子供たちの無垢な笑顔、被災地支援活動などで生まれた友情——人々の幸せのため、豊かな地域・社会のために浦和レッズは存在する。その使命を果たすためには、浦和レッズは存続し続けなければならない。

浦和レッズの行動規範には「クラブを継続させ、浦和レッズの宣言や方針を実現するために、常に事業面を意識し、業務に取り組みます」という項目がある。クラブを永続させるために行うさまざまなチャレンジは、SDGsが意味する「持続的な開発目標」と合致するものと言えるだろう。

展示ボード

ホームゲーム時には来場するファン・サポーターや浦
和レッズのパートナー（スポンサー）企業などSDGsへ
の取り組みをアピール。クラブが行う活動への理解を深
め、価値向上を図っている。

Chapter 11

Y.S.C.C.とSDGs
―「地域はファミリー！」
　　Jリーグクラブの地域貢献活動―

中央大学 客員研究員　岸　卓巨

1. ボールで笑顔、ボールで世界平和

　SDGs の 17 個のゴール全てに対して活動を行ってきた実績を持ち、公式戦キックオフ前の子どもたち参加の前座ゲームでも国連開発計画 (UNDP) が制作した SDGs 柄のサッカーボールを利用して、SDGs の啓発活動を行っている J リーグクラブがあることをご存知だろうか。横浜市中区本牧に本拠地を構え、設立 35 年の歴史を持つ、「横浜スポーツ＆カルチャークラブ (以下、Y.S.C.C.)」である。Y.S.C.C. は、2014 年にサッカーJ3 リーグに参戦した他、2017 年にはフットサルの F リーグにも加盟し (2019 年シーズンに F2 リーグで優勝し、2020 年シーズンか

SDGs サッカーボール

らはF1リーグに昇格）、サッカーとフットサルの2つのフットボールのプロリーグに参加している日本で類を見ないクラブである。もともと町クラブからスタートし、2019年までは「特定非営利活動法人（NPO）」としてJリーグに参加する唯一のクラブであった。J2リーグに昇格するためには、株式会社化しなければいけないという、Jリーグのクラブライセンス制度を理由に、2020年シーズンからは新たに設立した「株式会社 Y.S.C.C.」としてJリーグに参加しているが、依然、地域での活動は特定非営利活動法人として実施している。営利を目的とした「株式会社」ではなく、社会貢献を目的とした「特定非営利活動法人」の法人格で、地域での活動を展開していることからも、Y.S.C.C. がいかに地域に貢献するクラブを貫いているかが分かる。

　「地域はファミリー！」の標語の下、「ボールで笑顔、ボールで世界平和」をミッションとして掲げているY.S.C.C.が、SDGsを意識するようになったきっかけは、理事長の吉野次郎氏によると「2018年に小学校の授業でSDGsが取り上げられていることを知り、子どもたちが知っていることを大人であるクラブの指導者も意識しなければいけないと考えたことにある」という。それ以来、社内ミーティングでSDGs関連の記事を共有したり、それまでも実施してきた地域貢献活動をよりSDGsを意識した内容に変更するなど、まずは社内からSDGsの意識が浸透するための工夫を行ってきた。この点について、クラブのスポンサー企業の一社である伊藤園の時田功一氏は、「Y.S.C.C.さんはやれる範囲のことを全身全霊で取り組まれている。その想いが理事長・スタッフ・選手の方々まで浸透している。その積み重ねが大きな成長になることが期待できる。企業としてサポートしていかなければいけないと心打たれるものがあった」と語っている。

新型コロナウイルスの影響を
受け、計画の変更を余儀なくさ
れているが、2020年シーズン
のJ3リーグホームゲーム18
試合では、毎試合SDGsのゴー
ルのうち1つを設定し、その
ゴールに関連した活動を行う
NGOや企業をスタジアムに招
き、啓発活動を行うことを計画
していた。(右写真参照)

　ここでは、Y.S.C.C. が SDGs
を核としながら、具体的にどの
ような事業を行い、地域のス
テークホルダーとどのような
関係性を築いているかについて「教育支援」「企業連携」「アフリカとの
繋がり」の3つの側面から紹介する。

⑴教育支援

　吉野理事長は、クラブの運営方針について、「地域をファミリーとし
て捉え、クラブが多様な人が暮らす地域 (ファミリー) の一員として、
全ての人たちの心と身体を元気にする存在でありたい。地域が幸せ
に、世界が平和になるために貢献したいという想いを持ってクラブを
運営している」と語っている。そのような方針のもとSDGsの17の
目標のうち、特に力を入れて取り組んでいる目標が、「目標4:質の高
い教育」である。

　35年間クラブを運営しながら子どもたちを見る中で、吉野理事長

は、「両親共働きの家庭が増え、子どもたちが保護者と接する時間が短くなっている。友だち感覚で子どもに接している保護者が増え、子どもに対して人生の目標や目印を立てられていない家庭が多い。」と家庭状況の変化を捉えている。そのような状況の中で、子どもたちにとって、クラブが単にサッカーをする場だけでなく、将来への視野を広げたり、職業の選択肢を示すなど、人生においてより存在意義の高いものに変えていく必要があると考えている。

　このような想いのもと、Y.S.C.C. が 2018 年から開始した活動がクラブ・学校・企業で連携して行う、「キャリア学習」の取り組みである。代表事例としては、地元のみなと総合高校での取り組みが挙げられる。　生徒がクラブのスポンサー企業 6 社の事業内容を聞いた上で、各企業で実施できる新たな取り組みを検討し、企業にプレゼンテーションを行う。実際に企業側が採用した取り組みについては、当

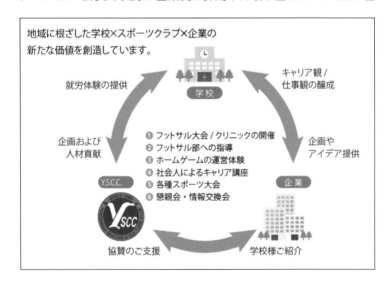

該企業において商品化・事業化されるという実践的な学習内容である。2019 年に実施した「キャリア学習」の授業では、選択カリキュラムの授業 6 コマを利用して実施され、実際に地元ホテルでは高校生が考案したケーキが販売されることになった。この活動において、クラブが特に意識していることは、生徒のキャリア観／仕事観の醸成であり、就労体験の提供である。しかし、それは同時に企業にとっても生徒から新たな企画やアイデアを受け取れる機会にもなっている。さらに、学校としては、授業での学習効果に加えて、Y.S.C.C. との協力関係を構築することで、クラブスタッフからフットサル部への指導が行われたり、ホームゲームでの運営体験の機会を得られるなど副次的な効果・活動も生まれている。

　Y.S.C.C. では、地元の高校での「キャリア学習」に加えて、クラブに所属している子どもたちにも、「よのなか科」として、学校ではなかなか教えられない世の中のしくみなどを、さまざまゲスト講師を招いて教える授業を行っている。

　このように、Y.S.C.C. では、単にサッカーを教えるだけでなく、子どもたちの将来の人生も見据え、「SDGs 目標 4：質の高い学習」を意識した取り組みを行っている。

⑵企業連携

　Y.S.C.C. では、J リーグの興行だけでは、安定した収入が得られていない中で、地域貢献活動を実施する際には、その活動に親和性のある企業や団体に新たなスポンサーとして協力してもらうための営業活動を行っている。そして、地域活動をきっかけに協力関係を構築した企業や団体が、J リーグクラブとしての Y.S.C.C も応援するという流れを作り出している。

寿地区での健康体操

　例えば、クラブの拠点からも近い寿地区では、高齢化した日雇い労働者が多いという街の特性に起因する課題を解決するために「寿町自己啓発プロジェクト」という SDGs の「目標3：全ての人に健康と福祉を」や「目標4：質の高い教育」に関連した活動を、企業や地元の団体と連携して実施している。栄養管理師などのクラブスタッフが「食育・栄養」「咀嚼力・口腔衛生」「健康体操」などの講習会を実施するという内容であるが、この活動は、「公益財団法人横浜市寿町健康福祉交流協会」「ジョイホース横浜」「Y.S.C.C.」の3者が連携して展開している。「公益財団法人横浜市寿町健康福祉交流協会」は、もともと寿地区で住民の健康や福祉を向上させるための活動を行っていた団体であり、当該プロジェクトにおいては地元のコーディネーターとしての役割を果たしている。一方、「ジョイホース横浜」は、Y.S.C.C. の活動の趣旨に賛同し、寿地区での地域貢献活動に協賛を決定した企業である。「ジョイホース横浜」が当該プロジェクトに協賛を決めた理由として、Y.S.C.C. と同じ地域に拠点を構えていることに加えて、普段から

地域貢献活動を積極的に実施している Y.S.C.C. を応援したい気持ちがあったという。「ジョイホース横浜」は寿地区での活動とともに、年間チケット購入という形でもクラブをサポートしている。

　このように、Y.S.C.C. では地域貢献活動を通して築いた企業や団体との関係性によって、J リーグクラブとしての存続を維持している現状がある。このような現状に対して、吉野理事長は「街にある課題を探して活動することが、その地域の活性化に繋がると信じて活動している。地域にとってなくてはならない存在になるべく活動している。我々は、グラウンドを借りる・事務局を借りるなど様々な方の許可を得て活動ができている。地域の方々への恩返しがテーマである。」と語る。このような想いや活動によって、企業や団体からも賛同を得ることができ、クラブの存在意義が高まっていると言える。

　そのような企業連携において、SDGs が重要な役割を果たしていることを、より分かりやすく示している事例が、Y.S.C.C. とオフィシャルクラブパートナーの「伊藤園」「ネッツトヨタ横浜株式会社（以下、ネッツ横浜 ※ 2020 年 5 月 1 日神奈川トヨタ自動車 ㈱ に統合）」の 3 社での連携により実現した「Y.S.C.C.×SDGs 自動販売機」の設置である。これは、SDGs と Y.S.C.C. のロゴをプリントした自動販売機を、伊藤園が制作し、2020 年 3 月にネッツ横浜の本社を含む 2 店舗に設置されたものである。設置された自動販売機は、ウェルネス・災害対応自販機であり、購入者の健康を意識した商品ラインナップや自然災害や緊急事態の時でも飲料製品を被災者などに無償提供する事ができるもので、地域の方々に健康と安心安全を届けることを目的としている。SDGs の 17 個の目標のカラーを彩り、ファッション性も意識したデザインになっている。この 3 社連携が実現した経緯としては、Y.S.C.C. からオフィシャルクラブパートナーであった伊藤園に

対して、SDGs の啓発を目的とした自動販売機を制作しようと打診する一方で、同じくオフィシャルクラブパートナーであったネッツ横浜は、東日本大震災時に帰宅困難者を一部店舗で受け入れた経験があり、3 社の想いが重なり合うことで実現したものである。自動販売機の設置を記念して実施された 3 社でのトークセッション[1] で、伊藤園の時田氏は、「Y.S.C.C. からラッピングの自動販売機を作りたいという相談があった時に Y.S.C.C. が SDGs を 1 つの軸として活動していることに共感し、Y.S.C.C. の取り組みを前面で出していこうという想いがあった。」と語っている。また、ネッツ横浜の髙山氏は「Y.S.C.C. には、地域密着の複数の企業が協賛をしているため、他の企業とも繋がりを持ちたいと考えていた。もともと、スポーツ振興を企業としての社会貢献活動の軸として考えた時に、スポーツが盛んな神奈川県において、単純にお金を出してスポンサードするだけでなく、協賛した時に地域の人々に還元できる部分が多いことから Y.S.C.C. への協賛を決めた。」と協賛および連携を決めた理由について述べている。このように、Y.S.C.C. では、SDGs を核として地域貢献活動を行うことで、クラブの応援者としての企業や団体との繋がりを作るだけでなく、企業・団体同士の地域貢献活動の「ハブ」にもなっていると言える。

⑶アフリカとの繋がり

　これまで、Y.S.C.C. が地域貢献活動を行う中で、地域住民・企業・学校との関係性をいかに構築してきたかについて説明してきたが、もう 1 つ Y.S.C.C. の特徴的な部分として、アフリカとの繋がりが挙げ

---

1 「ネッツトヨタ横浜×伊藤園× Y.S.C.C. 横浜」トークセッション https://www.youtube.com/watch?time_continue=225&v=X00sLUr6Xhk&-feature=emb_logo (2020.5.29閲覧)

られる。J3 リーグに出場する Y.S.C.C. では、マラウイで中古車販売の大きなシェアを持ち、現地でサッカークラブも所有する「ビィ・フォワード社」との連携により 2018 年シーズンからマラウイ人のジャブラニ選手を受け入れていた他、2020 年シーズンからはナイジェリア人のオニエ選手が加入した。また、アフリカ地域へのサッカー用具支援も積極的に行い、2010 年には南アフリカワールドカップ初戦でサムライブルー（日本代表の愛称）と対戦したカメルーンの小学校に、カメルーン元代表パトリック・エムボマ氏を通じて、クラブ主催大会で集めたサッカーボール 30 個を寄贈した。Y.S.C.C. のアカデミー卒業生が、JICA 青年海外協力隊のサッカー隊員としてウガンダに赴任していた際には、その活動内容をクラブメンバーや地域のイベントなどでも紹介している。2019 年 8 月に横浜で開催された「第 7 回アフリカ開発会議（TICAD7）」では、アフリカ 53 か国をはじめ世界中から政府・国際機関・民間セクター・NGO 等が集まる中で、スポーツクラブとして唯一参加したのが Y.S.C.C. である。

　このようにアフリカと積極的な関わりを持っている Y.S.C.C. であるが、その理由について吉野理事長に尋ねると「横浜では地域柄、住民の中にアフリカ出身の方やアフリカ人の親を持つ子どもも多い。「地域はファミリー」の理念の中で、アフリカとの関係性も自然と構築されてきた」という答えが返ってきた。2019 年 6 月 2 日に横浜開港記念 160 周年を記念して開催された「Y.S.C.C. 杯 横浜開港記念 サッカー大会」では、SDGs 柄のサッカーボールの使用や SDGs についての解説・展示など、参加した 60 チーム、約 1000 名の子どもたちとその保護者・指導者などを対象に SDGs の啓発活動が行われた。この大会においても、アフリカとの繋がりは前面に出され、クラブと繋がりがある元カメルーン代表選手のパトリック・エムボマ選手からの

Y.S.C.C.杯 横浜開港記念 サッカー大会

メッセージが紹介された他、マラウイやナイジェリアなどアフリカ諸国出身の地域住民やその友人がチームを結成し、エキシビションマッチが開催され、アフリカ音楽の生演奏により試合が盛り上げられた。この日のインタビューで、吉野理事長は「「サッカーボールで世界平和」を掲げているが、それは特別なことではなく、サッカーボールを蹴る中で自然と仲良くなり、相手のことを知ることが大切である」と語っている。

　Y.S.C.C. の活動を見ていくと、その活動の前提にある姿勢が、決して「社会のために良いことをしよう」「クラブのサポーターを増やそう」という畏まったものではないことが分かる。クラブに所属する選手や子どもたちだけではない企業や学校などを含めた地域の構成員を、業種や国籍などに囚われず「ファミリー」として捉え、「ファミリーのためにクラブとして何ができるか」を真摯に考え、フットワーク軽く行動に移しているという自然体としてのクラブの姿が見えてくる。その

ようなクラブの姿勢に共感し、人や団体が集まり、彼らにとって「ファミリー」であるクラブを応援するという流れが出来てきているのだ。吉野理事長に「Y.S.C.C. にとって SDGs とは何か？」という質問をしたところ、「サッカー関係者以外の人々とも繋がるきっかけをくれるものである」という答えが返ってきた。Y.S.C.C. にとって、SDGs は「ファミリー」との一種のコミュニケーション手段になっていると言えるだろう。

総合型地域スポーツクラブとSDGs

静岡大学 地域創造学環
准教授　　村田　真一

1. 総合型地域スポーツクラブとは

　本章では、総合型地域スポーツクラブ（以下、総合型クラブと略す）とSDGs（或いは、その基底である「持続可能な発展」）の関係について、その重要と思われる事柄や見方について提案する。総合型クラブの全国的な振興は1990年代後半より始動され、既に四半世紀を数える。そして今日は、暫定的な総括と次なる展開を意図した提言が相次いでおり、そこでは「質的充実」や「持続可能」というキーワードが多用されている[1]。この点においてSDGsとの関連性を問わずにはいられないのである。

⑴スポーツ関与の総合化を企図するクラブ

　総合型クラブとは、「日常生活圏内において住民の主体的参画により営まれる公益的なスポーツ事業体であり、『多種目の整備』『多世代

の交流』『多志向の奨励』を図ることで、理念としての『生涯スポーツ社会』を実現しようとする運動体」である。それまでの地域スポーツクラブはというと、小規模且つ単一種目型、同世代型との特徴をもつ「チーム型クラブ」が殆どであった（財団法人日本スポーツクラブ協会，2000）。「チーム型クラブ」は、凝集性の高さや小回りの利く機能性が認められながらも、一方でメンバーの高齢化等により活動が長続きしないことやクラブ間による資源（施設等）の奪い合いなどから、生涯スポーツ社会の実現には必ずしも有効に働かなかったとされる。したがって、上述した３つの多様性を許容することで、いつでも・誰でも・身近な場所（居住地域）でスポーツ活動を営む社会の実現が構想されたのである。ここで重要となるのは、どのような意図で総合型であるのかという事である。それは、しばしば説かれている「多種目・多世代・多志向」という要件をただ形態的に揃えればよいという事ではない。重要な事は、スポーツへの関り方を総合的に認める中で"共生"を図ることである。運動・スポーツは、「する」ことをはじめ、「みる」楽しみ方や「支える」関り方の総合化にこそ、個人の継続したスポーツ関与が実現されるだろうし、多様なメンバー間の連帯も実現するのである。こうしたスポーツ関与の拡がりとして、先の３つの標語を認識することが適切と思われる。

⑵地域内の総合化を築かせる（気付かせる）クラブ

　スポーツ活動の生涯化には、身近な場所（つまり地域）でそれを行えることが重要な要件である。アクセスの簡素化が継続的なスポーツ活動に適していることは経験的にも明らかである。このように、スポーツ活動側の都合から地域を捉えることもあるが、地域側の要請からスポーツが捉えられてきた歴史的経緯もある。それは1970年代から施

策化されたコミュニティ・スポーツと呼ばれるもので、「社会関係や共通の絆が強化されるといったコミュニティ形成の要素を含んだ形で営まれるスポーツ」(金崎，2000) を指す。今日は、まちづくりの必要がこれまで以上に目標化されており[2)]、それを目指す上でスポーツによる社会的価値の実現が期待されている。中でもクラブ活動は、その行動様式として連帯性を伴うことから尚更である。しかしながら、「クラブ内の連帯意識が、地域社会全体の連帯や共同性を高めるという保障はない (清水，1999)」との指摘にあるように、クラブづくりの中に明確な地域理念を定めなければ、まちづくりへとは繋がらないのである。それは、これまで同質性と一様さをスタイルとしていたスポーツクラブが、異質性と多様性を性格とする地域に馴染むどころか、正反対の様相を示していたことからも容易に想像される。したがって総合型クラブは、異質性や多様性を総合化するスタイルで構想されることを再認識する必要がある。この点からしても、総合型であることの意図には、地域内の多義的な"共生"にあることが理解できる。

⑶総合型クラブの課題

さて、**図1**は総合型クラブの普及状況とそれに関連する事象の歴史的推移を示したものである。これを見ると、約20年間でクラブ数も増加しており、「地域住民の交流活性化」などの実質的な効果も報告されている (株式会社三菱総合研究所，2010、日本体育協会，2015など)。しかしながら一方で、未だ基本的課題が山積している。

その課題とは、まず客観的指標としてみられる数的課題である。**図1**をみると、たしかに創設クラブ数の増加に伴い、その創設市区町村率も80%に迫る勢いだが、市町村合併による母数の減少を考慮した時、その数値の実質性・妥当性は乏しいように思えてならない。ま

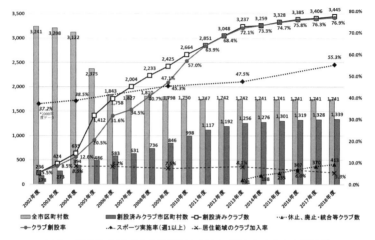

図1　総合型クラブの普及状況とそれに関連する事象の推移[3]

た、近年になってクラブの新設数は減少傾向にあるし、併せて休止・廃止等のクラブ数が増えていることも憂慮すべき点である。さらには、クラブ創設数に伴いながらスポーツ実施率（週1日以上）は増加しているものの、居住地域のクラブに加入しながらスポーツ活動を営んでいる者の割合は10%にも満たず、むしろ減少傾向にあるし、国民の総合型クラブへの認知度は「60%が『知らない』」との報告（笹川スポーツ財団, 2012）もされている。ここに、ある種の総合型クラブの"限界"が露呈されているように思われる。このように、基本的課題さえ十全に至らない状況にありながらも、今日の総合型クラブ推進は、そのマネジメントや行政支援策の充実（これを質的充実と喧伝）へと議論がシフトしている。マネジメントの充実から振興論的課題の解消が望めなくもないが、ここは今一度、基盤となる地域社会の様相や市

172

民目線から向けられるスポーツクラブ生活の制約・限界を見通した総合型クラブ振興・推進論が重要と思われる。その思考プロセスとして、後述する「持続可能な発展」や SDGs への着目が有効となる。

▌ 2．「持続可能な発展」について

ここでは SDGs の基底ともなる「持続可能な発展（以下 SD）」について、本節で捉える思考に絞って若干の整理を試みる。

SD を思考する際に要諦となるのは「環境」「社会」「経済」の 3 観点である。これらは、1987 年の国連総会においてはじめて国際的文書として採択され（通称：ブルントラント委員会報告書）、その後、「1992年地球サミット（通称：リオ宣言）」や「1995 年社会開発サミット（通称：コペンハーゲン宣言）」等の提言を経て、「2002 年ヨハネスブルク・サミット」においてその関係性が明確にされ、SD の理念が定立されてきた経緯がある。これについて矢口は以下のように指摘している。「まずは 3 つの持続可能性について、1 つ目が、自然及び環境をその負荷許容量の範囲内で利活用できる環境保全システム（＝環境的持続可能性）、2 つ目が、公正かつ適正な運営を可能とする経済システム（＝経済的持続可能性）、3 つ目が、人間の基本的権利・ニーズ及び文化的・社会的多様性を確保できる社会システム（＝社会的持続可能性）、である。そして、これら 3 つの関係性について、環境的持続可能性を前提・基礎とし、経済的持続可能性を手段・方法として、社会的持続可能性を最終目的・目標とする関係性を持つ。そして、この 3 つの『持続可能性』の質的水準が向上した状態を『持続可能な発展』と捉える（筆者要約）」という内容である（矢口，2018）。以上の指摘を基に、SD をめぐる従来とこれからの様相を比較したものが**図 2** である。従来は、

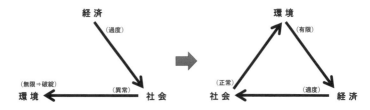

図２　持続可能な発展をめぐる従来とこれからの比較

環境が意識されることなく、自己目的化した過度な経済がスタートに位置し、それに伴う異常な社会 (特に「格差」や「貧困」などの負の側面) が現れ、環境はその許容負荷量を超えた経済活動によって破綻をきたしており、全てが持続不可能な状態になりつつあった (**図 2 左側**)。しかしこれからは、環境の有限性を前提として認識し、その制約内に留めた適度な経済活動 (手段) によって、豊かで福利的な社会の構築 (目的達成) を図り、それを持続的に循環していこうとする思想・理念が SD として構想されるのである (**図 2 右側**)。

3. 総合型クラブと SD および SDGs

⑴総合型クラブと SD を関連付ける見方・考え方

　SD の課題を全世界的な共通理念として取り組もうとするムーブメントが SDGs である。これは、2015 年 9 月の国連サミットにて全会一致で採択され、「誰一人取り残さない」持続可能で多様性と包括性のある社会の実現のため、2030 年を年限とする 17 の国際目標 (その下に 169 のターゲットと 232 の評価指標) が掲げられていることは周知の通りである。そこでここに、総合型クラブと SD (或いはその目標化とする SDGs) を関連付けて考察する 2 つの見方・考え方を提起

したいと思う（**図3**参照）。

　まず一つ目は、総合型クラブとSD（SDGs）を相対化する見方である。つまり、総合型クラブがSD（SDGs）に対してどのように貢献できるかを探る見方といってよい（**図3**左側）。これは、「現代社会の課題を自らの問題として捉え、身近なところから取り組む（think globally, act locally）ことにより、それらの課題の解決につながる新たな価値観や行動を生みだすこと、そしてそれによって持続可能な社会を創造していくこと（日本ユネスコ国内委員会）」として有効かつ意義あることと考えられる。これは、SDGs実施指針改訂版（内閣府，2019）においても、主なステークホルダーの役割として「新しい公共」が標榜されており、この点においても総合型クラブの身近な取り

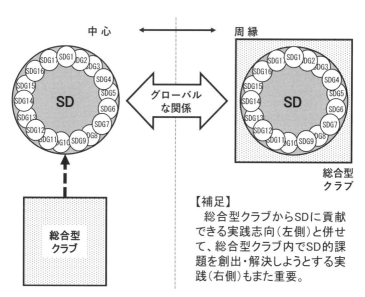

図3　総合型クラブとSDを関連付ける見方・考え方[4]

組みが注目できるわけである[5]。そして、特に貢献できる領域として、SDG3（保健）、SDG4（教育）、SDG11（都市）が考えられ、SDG5（ジェンダー）等についても連想することができる。

　そして二つ目は、SD問題に内在した視点を総合型クラブそのものに向け、総合型クラブが抱えている、いわゆる「総合型クラブにおけるSD的課題」についての検討もローカルな視点としてなされる必要があろう。そして、その際に留意することは、総合型クラブのためのという近視眼に陥ることなく、終局的には市民のためのという視点が重要と思われる（図3右側）。以下、本稿では「総合型クラブにおけるSD的課題」に焦点を絞って議論を展開する。

⑵総合型クラブにおけるSD的課題

　SDGsの17目標は、SDの要諦である3層構造（「環境」「社会」「経済」）によって分類ができるとの指摘がある（図4左側参照）[6]。そして、この内容を踏まえた上で総合型クラブが抱えているSD的課題を類推（analogy）したときの内容（3層と17ゴール）を以下のように構想した（図4右側参照）。

　まず、前提・基礎となる環境的持続可能性は、「地域社会」が該当すると考えられる。さらにそれは、マクロ的側面とミクロ的側面に分けて考えることが適当と思われる（この2側面は、他2つのレベルでも構想される）。ここで指すマクロ的側面とは、「人と人とが関り合う社会的見立て」であり、ミクロ的側面は「主意性が直接的に具現化される個人的見立て」としておく。冒頭でも述べたとおり総合型クラブは、市民にとって通常の（豊かな）暮らしの集積を意味する地域社会の原理に沿うことが必然とされており、その内実は異質性と多様性の共生を原理とする「生活の安定」があり、その基盤となる「政治・文化の変

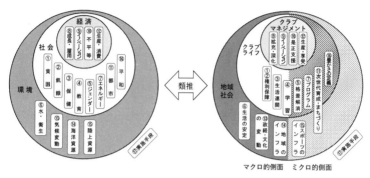

図4　SDから類推される総合型クラブのSD的課題[7)]

動・対応」や「地域インフラ」、「スポーツインフラ」が存在すると考えられる。

　次に、手段・方法となる経済的持続可能性は、「クラブマネジメント」が該当すると考えられる。さらにそれは、スポーツへの多様な関り方の意識（ミクロ）とそれを実現する、地域原理に沿ったクラブマネジメント（マクロ）で構成される。その要点としては、総合型クラブのさらなる拡充と併せて「発展や深化」をどのように再定義するかの省察が望まれる。また、総合型クラブ運営の独自性とされる「生産‐享受」の一体化やサービスを享受する市民間・地域間の不平等を「是正支援」する方策を問う必要があろう。それらが実現することで新たな「イノベーション」を起こすことが可能となる。

　そして、目的・目標となる社会的持続可能性は、「クラブライフ」だろう。それは、個人的なスポーツライフ（ミクロ）を基盤として、それらの関り合いとして発展したクラブライフ（マクロ）へと伝播・止揚されることが望まれる。その要点としては、「権利とされるスポーツ生活の保障」を実現するために、あらゆる「プログラム（内容）」に対して

アクセスが確保され、スポーツ関与の「格差解消」を実現し、「生活連関」にみる「生涯学習」の一環としてのクラブライフを具現化することにある。それらは「次世代の育成」や「まちづくり」にも貢献するものだが、何より個人、そして地域の「豊かさ」をいかに内発的に志向していくかが鍵となる。

4．市民の生活からみた総合型クラブの展望

　SD は 3 層構造で理解することが要諦となるが、それについて鷲谷は階位的関係性で捉えることの重要性を指摘する。その中で、「経済・社会的なシステムは、自立的にはその状態を保つことができず、持続可能性のためにはまずは基盤的な生態的状態（本稿でいう環境的な持続可能性）の可能性を確保することが必要（カッコ内は筆者加筆）」で、3 者間を「『調和』の問題に置き換えることは原理的に不可能である」と説く（鷲谷，2000）。この指摘はもっとも説得的に思えるのだが、これを、総合型クラブが抱えている問題として類推すると、その様相はいささか異なってくる。それは、基盤となる「地域」を無視したとしても、それなりに「クラブマネジメント」は営めるし、「クラブライフ（それ以外の個人的なスポーツ活動も含め）」も実践できる点にある。ましてや、基盤（地域）の許容量を脅かすほどのクラブ開発（マネジメント）がなされているわけではなく、むしろその数量的インパクトは微小である。つまり、総合型クラブにおける SD 的課題の致命的なことは、「環境」「経済」「社会」が互いの許容範囲を侵すか否かどころか、そもそも 3 者の関係性が問われることなく、互いが別々に転じている様相にある（図 5 参照）。これは、一般的にスポーツ活動が分立関心としてのアソシエーションとして図られ、共同関心としてのコミュニティと

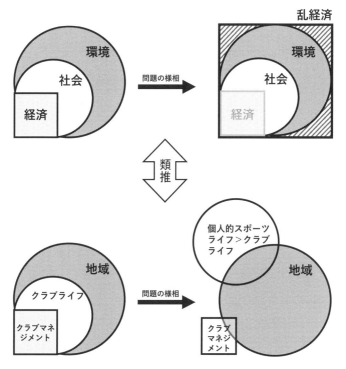

図5　SD問題とSD的総合型クラブ問題との様相の差異

は別次元で捉えられていることに起因するのだろう。また、クラブライフ（クラブ活動）の推移が低レベルに止まっている事に対して、スポーツ実施率（おおよそ、個人的なスポーツ活動）が上昇傾向にあること（**図1**参照）を踏まえると、政策としての"必要"論理から誘われがちなクラブライフの推奨と、市民の"欲求"論理から至るスポーツライフの乖離も問題視される。ここに改めて、総合型クラブに期待される「コミュニティとしての共生」と、個人的スポーツレベルにある「ア

ソシエーションとしての自由」の相克を解消する難しさが横たわっている。したがって今後は、個人的レベルのスポーツがクラブレベルへ、そして地域生活レベルへと昇華されていく道程について、その検証を「共生」概念の視点からさらに検討を深める必要がある。

●注釈

1) スポーツ基本計画（第2期）や「持続可能な総合型地域スポーツクラブを目指して（日本体育協会，2015）」などの記載。
2) 今日政府が掲げている「まち・ひと・しごと創生基本方針・総合戦略」や、厚生労働省が推進する「『我が事・丸ごと』の地域共生社会に関する取り組み」が挙げられる。
3) 本図は、「総合型クラブ育成状況調査（文部科学省2002~2015，スポーツ庁2016~2019）」、「体力・スポーツに関する世論調査（内閣府2000・2004・2009，文部科学省2013）」「スポーツの実施状況等に関する世論調査（スポーツ庁2018）」のデータを適切に計算処理した上での数値を基に筆者作成（ちなみに2002年度のスポーツ実施率は、2000年度調査の数値にて代用し経年変化を理解しやすいようにしている）。
4) 「持続可能な発展」からの類推志向プロセスは、河野（2015）や村田（2017）を参照。
5) 平成22年6月に発表された「『新しい公共』宣言」（内閣府）において、その具体的なイメージとして、総合型クラブの事例が取り上げられている。
6) 図4左側の、17目標を3層構造にあてはめる志向は、ロックストローム＆クルム（2018）を参照。
7) 図4右側に関して、マクロ的側面とミクロ的側面とで2分しているが、各目標（要点）がいずれの側面に該当しているかを示した意図はない。

●文献

株式会社三菱総合研究所『総合型地域スポーツクラブの設立効果に関する調査研究報告書』，2010.

金崎良三『生涯スポーツの理論』不昧堂出版, 2000.

河野清司, 新保淳, 三原幹生, 高根信吾, 村田真一. (2015). スポーツ文化の未来像構築に向けて：ESDの視点からのアプローチ. 至学館大学研究紀要, 第49巻, 15-35.

文部科学省ホームページ内『日本ユネスコ国内委員会』https://www.mext.go.jp/unesco/ (2020年6月17日参照)

村田真一, 高根信吾, 新保淳. (2017). 持続可能な発展として捉えるスポーツ生活論の課題. 静岡大学教育学部研究報告人文・社会・自然科学篇, 第67号, 297-314.

内閣府『SDGs実施指針改定版』, 2019.

日本体育協会『持続可能な総合型地域スポーツクラブを目指して』, 2015.

ロックストローム・ヨハン＆クルム・マティアス (竹内和彦・石井菜穂子監修)『小さな地球の大きな世界―プラネタリー・バウンダリーと持続可能な開発』丸善出版, 2018.

笹川スポーツ財団『スポーツライフ・データ2012－スポーツライフに関する調査報告書』, 2012.

清水紀宏. (1999). スポーツと街づくり. 文部時報, 1474, 22-25.

矢口芳生『持続可能な社会論』農林統計出版, 2018.

鷲谷いずみ. (2010)「生態学からみた持続可能性」. 小宮山宏ら編『サステイナビリティ学〈4〉生態系と自然社会』東京大学出版会, 9-34.

財団法人日本スポーツクラブ協会『平成11年度地域スポーツクラブ実態調査報告書』, 2000.

スポーツによる国際協力とSDGs

大正大学 地域創生学部
地域創生学科 准教授　**林　恒宏**

1. 設立経緯

　一般社団法人ピースボールアクション (以下PBA) は2011年3月11日に発生した東日本大震災の復興事業に学生とともに携わった筆者が設立した団体である。当時、札幌の大学で教鞭を取っていた筆者はゼミの時間に学生たちと「復興のために我々にできることはないか？」ということを議論していた際に復興のためのボランティアツアーに参加することになった。ただ、筆者はスポーツによる地域貢献や社会貢献も研究する研究者でもあったことから「スポーツにできる復興支援はなにか？」ということを学生たちと相談する中で、例えば震災でスポーツ用具を失った子どもたちに中古でも用具を届けることはできないか？ということになり、まずは場所さえあれば一つのボールで多くの人数が楽しめるサッカーボールを提供しようということになり筆者が顧問を務めるサッカー部の中古のサッカーボールを震災の

被害にあった子どもたちに届けることとした。学生たちと復興支援に赴いた際に、そのボールを地元の小学校の子どもたちに届けたことが本活動を始めるきっかけとなった。

写真1：札幌国際大学サッカー部から中古のボールを預かり、東日本大震災で津波の被害を受けた南三陸町志津原小学校にボールを届けときの筆者。

　その後、学生たちと議論する中で、東日本大震災で被害を受けた方々はもちろん困っているが、国内外には困っている子どもたちがいるのではないか、サッカーを行うことでスポーツ活動によるチームワーク・規範意識の醸成、健康につなげることができるのでないかという話になり、それだったら例えば中古のサッカーボールの寄贈を全国の部活動やクラブの関係者に SNS などを通じて呼びかけ提供してもらい、それらのボールを開発途上国の子どもたちや国内の児童福祉施設等に届けることを始めてはということで活動が広がった。

　2012 年 10 月には筆者の大学時代のサッカー部の同期がケニアの日本人学校で教師を務めていた関係でそのものにボールを送り、

2012 年 2 月にケニアの子ども達にボール渡してもらったことが海外活動の第一歩となった。

写真 2：ボールを受け取ったケニアの子どもたち

2．組織概要

　PBA のミッションは「種目を問わず、ボールを通して世界平和に貢献する」である。これまで中古のスポーツ用品を開発途上国の子どもたちに届けるなどの活動はあったが靴や服、バッドやラケットなどではそのもの自体でスポーツができないので、送ったものだけでスポーツができるものとして筆者らは「ボール」をその活動の中心におき、ボールの中でも多くの人数が楽しめるものとしてサッカーボールを集め届けることを活動のメインとすることとした。

　事業としては、⑴戦地・被災地の子ども達にボールを届ける。⑵親のいない子ども達にボールを届ける。⑶開発途上国の子ども達にボールを届ける。の 3 つを掲げ、SNS を通じたボールの回収の呼びかけや

ボールを送るための輸送費を獲得するための募金活動などを主に行った。

　これまでのボールを届けた国はカンボジア、フィリピン、ベナン、モンゴル、ウガンダ、ラオス、ケニア、ネパール、タンザニア、ベトナム、タイ、インド、ヨルダン、スリランカなどの開発途上国で、国内では東日本大震災の被害を受けた南三陸町志津原小学校や北部九州大水害の被害を受けた阿蘇市、札幌市内の児童福祉施設等にこれまで5,000 個以上のボールを届けた。

図1：ピースボールアクションのロゴマーク

3. SNS の活用

　PBA の活動方法として柱となったのが SNS の活用である。SNS としては主に Facebook（以下 FB）をメインに活用した。FB はピースボールアクションの代表を務める筆者個人の FB とピースボールア

クションの FB ページを活用した。筆者個人の FB ではサッカー関係者を中心に 4,500 人を超える繋がりに対しボール提供への協力の呼びかけやボールを提供いただいた際の報告、開発途上国の子どもたちにボールを発送する際の郵便局での発送報告、現地の子どもたちにボールが届いた際には現地の子どもたちがボールを受け取ってボールでサッカーを楽しむ様子など、それぞれの場面場面で徹底して写真とともに逐一 FB で報告を行った。また、あわせて PBA のブログや Twitter を立ち上げ、広く報告を行った。

　これらの目的には以下の 3 つがある 1 つは活動の透明性を高めることで PBA の活動への信頼感を得ることである。一般的に募金活動や社会貢献活動などを行う場合に、活動のために協力した結果、それらの協力が実際に現場でどのように貢献できたかの結果が見えにくい場合が多い。このことは活動への協力意欲を削ぐことにつながる。したがって PBA ではボールを提供していただいた方や募金に協力いただいた方にその協力が結果としてどのように現地の子どもたちに好影響を及ぼしたか（ボールで楽しんでくれたか？）を写真やテキストで伝えることで説明責任を果たすことができた。そのことが協力いただいた方に再度協力していただける機会に繋がり、また、その様子を見ていただいている他のサッカークラブ関係者や一般の方々にも PBA 活動への信頼が産まれ、新たにボールを寄贈いただくことや募金に協力いただく、また、トップクラブの協力を得ることに繋がった。

　2 つ目はスポーツの価値の見える化である。もちろんスポーツには「みる」「する」など様々な参与のあり方自体に価値はある。PBA の活動はスポーツを「する」ことや「みる」ことではなく、特にボランティア活動という「ささえる」スポーツの価値を見える化することに特化した。スポーツを「ささえる」活動としては、スポーツ指導者や審判、

大会の運営ボランティア、協会・連盟の役員などの活動がある。それらの活動も大事な活動でありやりがいや楽しさもあるが、もっと気軽に参加できるボランティア活動があればスポーツに関わる楽しさ、スポーツの価値の共感が産まれるのではないかと考えた。FB には特にいいねボタンやシェア機能があり、見ている人の気持ちの反応が見える化されやすい。したがって、PBA の活動で新たなスポーツの価値の創出につなげ、共感を産むことを狙うための方法として SNS を使うこととした。

4．トップリーグクラブの協力

　ピースボールアクションは設立当初から J リーグクラブや F リーグクラブの力をお借りしてきた。ピースボールアクションを設立した筆者が当時在籍していた大学がある北海道・札幌をホームタウンとする J 1 クラブの北海道コンサドーレ札幌にはシーズンを通してホームタウンでの募球・募金活動のためのブースを設置させていただいたり、スポンサー企業のプロモーションで使用したボールを寄贈いただいたりと様々な協力をいただいた。それらの活動を筆者やピースボールアクションの Facebook ページで発信している中で、全国から活動に協力したいというお申し出をいただき、お申し出をいただいた方が住まわれている地域をホームタウンとする J リーグクラブ関係者とお申し出をいただいた方をマッチングし、それらのクラブのホームゲームにおいても募球活動を実施していただくなど、プロサッカークラブとピースボールアクションの共同による活動が広がった。

協力いただいたトップクラブ

クラブ名	所在地	所属リーグ
北海道コンサドーレ札幌	北海道	Jリーグ
カターレ富山	富山県	Jリーグ
湘南ベルマーレ	神奈川県	Jリーグ
ロアッソ熊本	熊本県	Jリーグ
エスポラーダ北海道	北海道	Fリーグ
ギラヴァンツ北九州	福岡県	Jリーグ
サンフレッチェ広島	広島県	Jリーグ
サガン鳥栖	佐賀県	Jリーグ

5．グローバル人材の育成

　日本は人口減少、少子高齢、地方衰退、経済の低成長など様々な課題を抱えている。

　これらの課題を解決するための方法として筆者自身が北海道にいる時にいくつかの方法を考えた。1つは若者をグローバル人材として教育することである。

　グローバル人材の定義には以下のようなものがある。

　「グローバル化が進展している世界の中で、主体的に物事を考え、多様なバックグラウンドをもつ同僚、取引先、顧客等に自分の考えを分かりやすく伝え、文化的・歴史的なバックグラウンドに由来する価値観や特性の差異を乗り越えて、相手の立場に立って互いを理解し、更にはそうした差異からそれぞれの強みを引き出して活用し、相乗効果を生み出して、新しい価値を生み出すことができる人材。「報告書～産学官でグローバル人材の育成を～」（産学人材育成パートナーシップ グローバル人材育成委員会, 2010年4月）

また「世界的な競争と共生が進む現代社会において、日本人としてのアイデンティティを持ちながら、広い視野に立って培われる教養と専門性、異なる言語、文化、価値を乗り越えて関係を構築するためのコミュニケーション能力と協調性、新しい価値を創造する能力、次世代までも視野に入れた社会貢献の意識などを持った人間である。」「産学官によるグローバル人材育成のための戦略」（産学連携によるグローバル人材育成推進会議、2011 年 4 月）である。

　日本には観光やサービス、食材や民芸品、アニメやロボットなど様々な魅力がある。しかし、人口減少や少子高齢社会においては国内マーケットの需要だけでは市場の拡大は見込めない。となると先に上げた魅力を海外に売りに行ける人材（グローバル人材）の育成が重要となる。また、今後人件費の低いアジア諸国が成長することで一定の品質のそれなりの価格の商品開発・販売ならば、人件費の高い日本は勝つことはできない。日本は常に新しい発想やアイディアなどイノベーションを起こし続けなくてならない。そのためには国内企業の付加価値創造部門における労働者の多様性確保が急務となる。そのためには外国人労働者の採用も必要となり、そのような部門で一緒に働ける人材の育成も急務となる。以上、2 つの観点からもグローバル人材としての若者の育成が重要だと考えた。

　スポーツは言語以上に世界とつながることができる素材である。言葉をかわさずともサッカーボールさえあれば世界中の人々とプレーを楽しむこともできるし、試合を見ることでも共通に楽しむこともできる。これらの魅力であれば若い学生も理解することができるし、スポーツという窓を通して世界に関心を持ち、世界を見て、行動できることに繋がるのではないかと考えた。実際にこの活動を通してアジアに興味を持った学生たちが現地の子どもたちにボールを直接届けに

行ったり、タイやカンボジアのプロサッカークラブで長期のインターンシップを行ってくるなどの事象が産まれた。

　PBAの活動を通して学生など若い人々が世界に関心を持ち、現地を訪れるなど肌で世界を感じ、グローバル人材として成長していくことを期待している。

6．シティプロモーション

　4でも書いたがPBAの活動には多くのトップスポーツクラブが協力をしてくれている。もちろん、PBAの活動に協力していただいているという感謝の気持ちとともに、これらのクラブに対してはアジア・世界へ関心を寄せる機会の提供とも考えている。

　5でも述べたが、日本は人口減少、少子高齢、経済の低成長、地方の衰退とトップスポーツクラブが所在する地域は厳しい状況におかれている。これらの状況はトップスポーツチームやプロスポーツチームを地域が支える厳しさが増しているという以前に、その地域自体が無くなるという可能性すら増している。

　このような状況の中でトップスポーツチームやプロスポーツチームは単なるエンターテイメントの提供事業者ということに留まることなく、地域の持続・発展のために何ができるかを考え行動することが求められる。先にも述べたがスポーツは世界共通の言語以上の存在である。とするならば地域のトップスポーツチームやプロスポーツチームは、その存在の中でアジアや世界中の国々とつながるチャネルにもなれるということである。従って例えば地域の観光地としての魅力や地域の特産物などをそれらのトップスポーツチームやプロスポーツチームを通してアジアや世界各国の人々に伝えることができるかもしれな

い。

　そのような可能性があれば、アジアや世界各国に進出したいと思っている地元企業にとっても地域クラブをスポンサーするメリットも出てくる。その典型的な例としてJリーグ（日本プロサッカーリーグ）ではアジア戦略を掲げ、登録選手のアジア人枠の確保やJリーグのアジア各国での放映の拡大などに力を注いでいる。PBAの活動に協力してくれた北海道コンサドーレ札幌もアジア各国の選手の獲得やクラブ間提携など精力的にアジア戦略に取り組むクラブの一つである。

　PBAの活動にトップスポーツチームやプロスポーツチームが関わることでそれらのクラブ内でアジア各国へのシティプロモーション事業に関する機運が起こることを期待している。

7．トップスポーツチームへの社会貢献活動の　　機会提供（共創）

　ピースボールアクションは当初学生たちとはじめた活動だった。そこから地域に存在するトップスポーツチームのホームタウン活動との連携に発展した。具体的には毎回のホームゲームでの募球活動（中古のサッカーボールを預かる活動）のためのブースを設けていいただき、試合の事前告知などでボール提供を呼びかけてもらうなどである。

　これまでのトップスポーチチームやプロスポーツチームはエンターテイメント性を求め、いかにお客さんに試合のコンテンツとしての楽しみや会場での楽しみを提供できるかに訴求するための活動に力を注ぐことがメインであった。しかし、Jリーグは設立当初から他のプロスポーツチームに先駆けて、地域のため、社会のためというビジョンを掲げて活動を行ってきた。

日本のトップスポーツは企業スポーツがベースとなり発展してきた経緯はある。当初は社員の福利厚生という意味合いで立ち上がったがメディアで取り上げられるようになりコンテンツとして注目されるようになった。また、企業スポーツは社員の福利厚生という意味合いももちつつ、社会貢献や地域貢献、CSR という観点での活動にも広がりを見せた。しかし、J リーグほど地域貢献を明確に打ち出したリーグは稀有である。

　このような背景もあり、PBA への活動についても J リーグのクラブが協力を申し出てくれた理由がわかる。

　ただ、毎回のホームゲームでのブースの設置やサイトでの事前告知など手間やスペースを考えればチームにとってはこれらはコストである。一方、クラブ独自で地域貢献活動を行おうと思ってもそれもまたコストである。

　従って今後は地域貢献を行いたいと思っているトップスポーツチームとビジョンを同じくする地域貢献を行いたいと思っている団体が連携をしながら地域に貢献していくことが重要となる。

　トップスポーツチームにとっては地域貢献活動を行うことで①チームの公共性の向上②ブランドイメージの向上③新たなファンの獲得につなげることができる。①については公共施設の借用や行政からの支援などへの後押しになり、②についてはスポンサーメリットの企業への提供、③はスポーツ以外の分野に関わることでこれまでにないファン層の獲得に繋げることができる。

　現在、J リーグでは社会連携本部を立ち上げ、積極的に社会との連携にチャレンジしている。「社会連携活動（通称：シャレン！）」とは社会課題や共通のテーマ（教育、ダイバーシティ、まちづくり、健康、世代間交流など）に、地域の人・企業 / 団体（営利・非営利問わず）・自

治体・学校等とJリーグ・Jクラブが連携して、取り組む活動である。

PBAが行ってきた活動はトップスポーツチームの「協力を得てきた」ということではあるが、一方でトップスポーツチームと一緒になって社会貢献活動の機会を「共創してきた」という側面もある。

今後もJリーグクラブはもとより国内の様々なトップスポーツチームと一緒に社会貢献活動の機会を「共創」していきたい。

8. 法人化

PBAは2015年に一般社団法人化した。法人化した目的はいくつかある。一つは活動の安定化である。これまでPBAは筆者が学生たちとともに中心的な活動を行い、FBを通じてボールの提供者やボールを現地に届けてくださる方の協力を得ながら進めてきた。今後さらなる活動の拡大や継続性を考えると法人化することでガバナンスをしっかりできると考えた。二つ目は社会的信用の獲得である。任意組織では責任の所在が不明確であり、企業や自治体、他組織との連携を考えた場合、契約の主体になれることが必要でそのためにも法人格が必要であった。三つ目は運営当事者の責任感の醸成である。筆者や運営に関わる学生も任意組織で活動するより、法人格を有する組織に参画して活動に関わるということになることで活動へのコミットメントをもたらすと考えた。

現在、法人化して6年目を迎えているが、先に上げた目的を達成できている面もあるが、活動自体のミッションや事業についてのリストラクチャリングが求められており、今後の活動方針を見据えながら法人化の強みをどう活かしていくかの検討が必要となる。

9．PBA と SDGs

　PBA の活動は当初は東日本大震災の被災地の子どもたちにスポーツの機会を提供することでスタートしたが、社会的に困っている子どもたちは被災地の子どもたちだけではないだろうということで活動を広げていった。

　世界的に見て貧困でボールすら買うことができずにスポーツができない子どもたちにボールを届けてきたという意味ではゴール 1「貧困をなくそう」に貢献してきた。スポーツを行うことで体を動かし健康になるという意味ではゴール 3「すべてのひとに健康と福祉を」に貢献し、子どもたちにスポーツを通してルールを守るという規範性やチームワークを身につけさせたという意味からはゴール 4「質の高い教育をみんなに」に貢献してきた。開発途上国の子どもたち中心にボールを提供してきたことからゴール 10「人や国の不平等をなくそう」に貢献してきたし、中古のサッカーボールを使えなくなるまで使うという意味からゴール 12「つくる責任　つかう責任」に貢献してきた。

　サッカーボールを提供することでそれぞれの国民と国民がつながるという観点からはゴール 16「平和と公平をすべての人に」に貢献し、ボール提供者や募金に協力してくれた方々、募球・募金の場を作ってくれたトップスポーツチームや活動に協力してくれた学生など多くの協力により活動を続けてきたという意味ではゴール 17「パートナーシップで目標を達成しよう」を実現してきた。

　できれば将来的にはこれらのゴールが全て達成され、日常となることで PBA の活動の必要性が無くなることを期待している。

●引用参考文献

「報告書〜産学官でグローバル人材の育成を〜」産学人材育成パートナーシッ
　プグローバル人材育成委員会，2010年4月

「産学官によるグローバル人材育成のための戦略」（産学連携によるグローバル
　人材育成推進会議，2011年4月）

Jリーグ公式サイト：https://www.jleague.jp/（2020年9月1日閲覧）

ピースボールアクション公式ブログ：http://peaceballpro.blogspot.com/
　（2020年9月1日閲覧）

Chapter 14

スポーツ用品メーカーとSDGs

大阪成蹊大学 経営学部 教授　**植田　真司**

はじめに

　スポーツと開発をめぐる世界的な動きが始まったのは、2000年の国連サミットで、発展途上国の貧困飢餓の撲滅を目標として「ミレニアム開発目標(以下MDGs=Millennium Development Goals)」が採択されてからであり、その15年後の2015年に、発展途上国・先進国を問わず全人類が解決すべき共通目標として「持続可能な開発目標(SDGs=Sustainable Development Goals)」が設定された。その「持続可能な開発のための2030アジェンダ」に「スポーツは持続可能な開発における重要な役割を担う」と明記され、本格的な活動が始まる。

　しかし、スポーツ用品メーカーは、さらに前から環境問題に取り組んでいた。その理由となる背景について少し述べる。

　スポーツ用品メーカーの新しい機能を持った商品は、オリンピック

のデビューに合わせ開発されることが多く、オリンピックが環境問題に取り組み始めたのに合わせ、スポーツ用品メーカーも、環境に関連した商品開発に取り組み始めた。

　オリンピックが環境問題に取り組み始めた理由は、1970年代から冬季オリンピックは会場設営で、森林伐採などで環境破壊していると環境保全団体が抗議運動を始めたからである。その対策として、1990年に国際オリンピック委員会（以下IOC）のサマランチ会長（当時）が、オリンピックの理念に環境保全を加えると提言し「スポーツと文化と環境」の3本柱にした。これをきっかけに、スポーツ用品メーカーも、環境問題に取り組むようになった。

　特に、日本の場合は、ミズノが大きな役割を果たしていた。ミズノは長くオリンピックのスポンサーとして関わっており、オリンピックの理念を広く国内外に発信していた。その背景には、1991年2月にミズノの水野正人社長（当時）が、世界スポーツ用品工業連盟の環境保全委員会委員長に就任。1991年6月のIOC総会で1998年長野オリンピックの開催が決定。1996年2月に水野正人社長（当時）が、IOCスポーツ・環境委員会委員に就任。同年IOCは、オリンピック憲章に「持続可能な開発」の概念の追加があった。

　このような背景のもと、長野オリンピック開催に向けて、日本のオリンピックのスポンサー企業は、環境に配慮した商品開発を進めるが、国内における環境保護活動の取り組みは、水野正人氏の貢献が大きかったといえる。

　その後、2000年にMDGsが採択され、2015年にSDGsが採択され、2018年11月に、東京オリンピック・パラリンピック組織委員会は、国際連合とSDGsの推進協力に関する基本合意書を締結し、東京2020大会は、初のSDGs五輪となる。

スポーツがSDGsにもたらす影響力は非常に大きく、アスリートやスポーツ用品メーカーの取り組みが、この地球を守るうえで重要な役割を担っていることが分かる。

この後、スポーツ用品メーカーの取り組みを、環境問題を中心に「長野オリンピックのゴールドスポンサーであるミズノの取り組み」、「東京2020のゴールドパートナーのアシックスを中心に、各スポーツ用品メーカーの取り組み」、「これからのスポーツ用品メーカーは、地球環境に対してどのような取り組みをしなければならないのか」、過去・現在・未来に分けて紹介する。

▌1．スポーツメーカーの取り組みを振り返る

1990年にオリンピックの理念に環境が加わり「スポーツと文化と環境」の3本柱とし、1996年にオリンピック憲章に初めて「持続可能な開発」が追加され、1998年に初の環境五輪となる長野オリンピックを迎えることになる。

長野オリンピックが決まった1991年、ミズノでは、社内にCrew21という地球環境保全活動プロジェクトを立ち上げ、環境に配慮した取り組みを始めている。Crew21とは、「Conservation of Resources and Environmental Wave」の頭文字をとったもので、21世紀に向けて「宇宙船地球号」の乗組員としての役割を担い、資源と環境の保全活動を実施していくという想いを込めた名称である。

具体的な環境保全活動として下記のような取り組みを行っている。

1992年、商品の配送に「折りたたみ式のコンテナ」の導入

1994 年、繰り返し使える「ポリプロピレン製段ボール」の導入

1997 年、リサイクルラバー使用のウォーキングシューズの開発

1998 年の長野オリンピックは、20 世紀最後の冬季オリンピックとして、「美しく豊かな自然との共存」という大会基本理念を掲げ、様々な分野の企業が「環境五輪」にふさわしい環境保全活動に取り組んだ。

事例 1、リンゴの繊維を使ったリサイクル可能な食器を、選手村などの食堂で使用。大会期間中に 50 ～ 60 万枚が使われた。これは、リンゴジュースの製造過程で出てくる搾りかすをパルプと混ぜて皿にしたもので、使用後は再生紙の原料や肥料、固形熱量として再利用できる。

事例 2、大会期間中の移動に使用する自動車に低公害車を導入。トヨタ自動車は、トヨタエコプロジェクト（長野オリンピック）として、世界に先駆けて開発したハイブリッド車などのエコカーを提供した。

事例 3、開会式では、動物愛護の点から鳩に代わるハト風船が採用された。ハト風船は、溶けて土に還元される植物繊維で作られたもので、1,998 羽のハトが飛ばされた（**写真 1**）。

この大会にゴールドスポンサーとして参加したミズノは、競技役員らオフィシャルスタッフ 26,000 人が着る公式ユニフォームを、使用後解体することなく丸ごと溶かしてリサイクル出来るように、布地、ファスナー、ボタンなどすべてをナイロン 1 種類で作った（**写真 2**）。一着をリサイクルに回すと、石油約 10 リットルの節約ができるという。

その後も、ミズノでは、環境マネジメントシステムを全社で展開し、「エコ商品開発プロジェクト」を立ち上げ、国内の先陣を切って環境に配慮したスポーツ用品を積極的に開発している。

写真１：ハト風船
出典：笹川スポーツ財団

写真２：スタッフユニフォーム
出典：ミズノ

2. 現在のスポーツメーカーの取り組み

2020東京オリンピックのゴールドパートナーであるアシックスを中心に、各スポーツ用品メーカーのSDGsへの取り組みを紹介する。

⑴アシックス

アシックスは、スポーツを通じて青少年を育成したいという思いから1949年に創業した。CSR及びサステナビリティを経営の根幹におき、「私たちを取り巻く環境をまもり、世界の人々とその社会に貢献する」アシックスの理念に受け継がれ、社会と環境に配慮した活動をしている[1]。

SDGsへの取り組みでは、17の目標全てに関連するが、特に目標3：すべての人に健康と福祉。目標5：ジェンダー平等を実現しよう。目標6：安全な水とトイレを世界中に。目標8：働きがいも経済成長も。目標12：つくる責任つかう責任。目標13：気候変動に具体的な対策の6つの目標に貢献できるとしている。

「SUSTAINABILITY REPORT 2019日本語版ダイジェスト」による

と、2019年活動実績として下記の項目を報告している。

- ・スポーツシューズの1次生産委託先工場での1足あたりのCO_2排出量を削減 (2015年比) 27.9%
- ・アシックスグループの全1次生産委託先工場にサプライチェーン管理プログラムを適用 100%
- ・アシックス基準以上の1次生産委託先工場の割合 95%
- ・アシックス本社の女性管理職比率 10.6%

2030年度に向けた目標

- ・事業所からのCO_2排出量を2030年までに削減 (SBT目標) 38%
- ・製品あたりのCO_2排出量を2030年までに削減 (SBT目標) 55%
- ・石油由来のポリエステル材を再生ポリエステル材に2030年までに切り替え 100%

また、東京オリンピック・パラリンピックでの取り組みとして、全国から回収したスポーツウエアを、日本代表選手団のオフィシャルウエアとして再生する"みんなの想いを選手に託す"リサイクルプロジェクト「# 2020行ってこいASICS REBORN WEAR PROJECT」を実施。2019年1月からウエ

写真3：REBORN WEAR PROJECT　ポスター
出典：アシックス

アの回収が行われた（写真3）。思い出の詰まったウエアを選び、リサイクル回収ボックスが設置された全国250箇所程度に持ち込み、回収されたウエアをリサイクルして糸をつくり、日本代表選手団公式スポーツウエアに生まれ変える。5月までの4ヶ月の回収期間に集まったウエアは約4トンになり、多くのアスリートが思い出の詰まったウエアを寄付した[2]。

　本プロジェクトは、単なる資源リサイクルでなく、大切にしていた思い出のウエアを、日本代表選手団のオフィシャルウエアに蘇らせ、ウエアだけでも東京2020に参加するという意味を持っている。

⑵ミズノ

　ミズノは「より良いスポーツ品とスポーツの振興を通じて社会に貢献する」という経営理念のもと、スポーツの喜びや幸せを人々に届けることを目指し、良質なスポーツ品の提供と併せてスポーツの振興に100年以上にわたり取り組んできた。

　そして、スポーツには、体力や運動能力の維持・向上だけでなく、気持ちを前向きにしたり、人と人とのコミュニケーションを促進したり、違いを認め個人や集団の潜在的な力を引き出し高めたりする力があり、「フェアプレー」、「フレンドシップ」、「ファイティング・スピリット」の3つのFを大切に、サステナビリティに配慮した誠実で責任ある事業活動を行っている[3]。

　ミズノの「SUSTAINABILITY REPORT 2019」によると、SDGsの実現に向け、2020年度に貢献できる目標として以下5つを示している。
目標3、すべての人に健康と福祉を：スポーツの力を活用した健康寿命の延伸・福祉に関する取り組み

目標4、質の高い教育をみんなに：日本の体育教育を海外へ展開

目標9、産業と技術革新の基盤をつくろう：スポーツによる社会イノベーション創出ミズノ 新研究開発拠点を設立

目標12、つくる責任つかう責任：創業者精神「ええもん作んなはれや」の継承

目標13、気候変動に具体的な対策を：気候変動対応として、CO_2排出量削減など、商品を通じた環境影響の緩和に関する取り組み

　その他、次世代を担う子どもたちの運動能力と体力の向上。スポーツを通じた健康寿命の延伸。スポーツへのアクセスの向上と地域スポーツの振興支援。グローバルなスポーツ振興などの活動を続けている。

⑶ **デサント**

　『すべての人々に、スポーツを遊ぶ楽しさを』という企業理念の基に、スポーツ本来の「体を動かす楽しさ」、「競い合う楽しさ」を提供することで一人一人のいきいきとしたライフスタイルの創造に貢献する企業であり、創業の精神として、「創造」「挑戦」「誠実」「調和」をあげ、企業は社会の公器であるとし、社会が抱える多くの課題解決を目指し、「持続可能性」に取り組んでいる[4]。

　「デサントグループCSRレポート2019」によると、下記のような環境保全の取り組みを行っている。

　・「デサント環境基本理念・デサント環境方針」を定め社内に「環境委員会」を設置し、環境保全活動を積極的・継続的に行っている。例えば、2018年度より、日本国内グループ会社の全事業所を対象に、CO_2排出量の実態把握をスタートしている。目標達成として、2018年度のCO_2排出量目標は720t–CO_2でしたが、実績

は 655t-CO$_2$ となり達成し、2008 年度から 2018 年度までで 437t-CO$_2$ の削減をしている。

・2018 年 7 月、『アリーナ』ブランドの使用済みスイミングゴーグルを回収するリサイクル活動を開始。回収されたゴーグルは、新たな製品として再利用する米国 TerraCycle Inc. の日本法人を通じてリサイクルされると同時に、「世界の人々が清潔な水を利用し、衛生的な環境で暮らすこと」を目指して活動する特定非営利活動法人「ウォーターエイドジャパン」にゴーグルの個数に応じて寄付している。

・ブランドアイコンのペンギンを絶滅危機から守るため、地球温暖化や環境悪化を抑制する目的で、19 年春より「SAVE THE PENGUIN」キャンペーンを行い、環境保全活動を行う NGO 団体 (World Wide Fund for Nature：世界自然保護基金) とコラボレーションアイテムを販売し、対象商品の売上金の一部を地球環境保全に活用している。

⑷ナイキ

地球がなくなれば、スポーツをすることもできないという考えから、「スポーツが昔や今と変わることなく、人々に愛され、楽しまれる未来を守りたい」と 30 年前から環境問題に取り組んでいる。

例えば、使えなくなったシューズ (ナイキのシューズでなくても OK) を、全米、ヨーロッパ、オーストラリアのナイキ各店舗等に持っていけば、ベルギーと米オレゴンにあるナイキのリサイクルセンターに転送され、回収されたシューズは、上の布部分、中のフォーム部分、底のゴム部分の 3 つのパーツに分断され、布部分は屋内バスケコートやバレーボールコートのクッションパッドに、フォーム部分は屋外バ

スケコートやテニスコートのクッションに、ゴム部分は競技用トラックの表面やジムのタイル、もしくは新しい靴底やボタン、ファスナーのつまみに再利用される。

シューズを再利用する「Reuse-A-Shoe」は、1990年にスタートしたプログラムで、これまでに回収したシューズの数は2,000万足以上になる[5]。また、回収されたシューズを分離し、新しい素材に再生する「Nike Grind プログラム」により、1992年以来、ニューヨーク市のヤンキースタジアムなど、10,000以上のプロジェクト全体で10億平方フィート以上のサーフェスを供給している[6]。

ナイキが、新たに再生した素材を紹介する[7]。

・ナイキフライニット：Nike Flyknit は編み込むことで、従来の靴のアッパー製造より平均60％無駄をなくした設計になっている。2019年だけで3,100万本のプラスチックボトルを再利用している。

・ナイキフライレザー：Nike Flyleather は、少なくとも50％リサイクルされた革繊維で作られ、従来の皮革製造よりもカーボンフットプリントが小さくなっている。また、ロール状に製造されるため、天然皮革の従来の裁断方式よりも裁断効率を向上させた。

・ナイキエア：1994年以降に設計された NikeAir ソールには、50％以上のリサイクルされた廃棄物が再利用され、2008年以降は、エアソール生産工程で発生した廃棄物の90％以上を再利用している。

・リサイクルポリエステル：Recycled Polyester は、ペットボトル、使用前の繊維くず、使用後の衣服から作られている。2010年以来、廃棄されていた70億本以上のペットボトルを再利用している。

2019年9月には、炭素排出量と廃棄物をゼロにする「Move to

Zero」プロジェクトを発表し、① 2025年までにナイキのすべての施設を100%再生可能エネルギーによる電力で稼働する。② 2030年までにグローバルサプライチェーン全体のCO_2排出量を30％削減する。③シューズ製造で出る廃材の99％を再利用する。④年間10億本以上のペットボトルを再利用して、新しいジャージの糸とFlyknitシューズのアッパーを製造する⑤ "Reuse-A-Shoe" と

図1：サンバーストロゴ
出典：ナイキ

"Nike Grind プログラム" を通して、廃材から、新製品、遊び場、ランニングトラック、またはコートを作るなどに取り組んでいる。

　現在、50パーセント以上の環境に配慮した素材が使われた製品には、(図1) のような専用のマークを付けている。これは、ナイキのマークを風車状に並べたロゴで、サンバーストロゴと呼ばれている。

⑸アディダス

　2015年から海洋環境保護団体「Parley for the Oceans (本部・米国ニューヨーク)」(以下、パーレイ) と連携し、海に廃棄されたプラスチックゴミや違法に設置された深海の刺し網などの海洋廃棄物を回収し再利用した素材「PARLEY OCEAN PLASTIC」を開発した。

　アディダスは、「スポーツを通じて、私たちは人生を変える力を持っている。パーレイとのコラボレーションを通じ、世代全体を刺激し、動員し、惑星の未来を形作るのを助けたい」と考えている[8]。

　2016年に、海洋プラスチックゴミ素材を使用したユニフォームを製造し、バイエルン・ミュンヘンとレアル・マドリードの選手たちが

このユニフォームを着用してプレーするという取り組みを行った。

写真4：Parley UltraBOOST
出典：アディダス

2017年に、「Parley UltraBOOST」コレクションのランニングシューズのアッパーは、95％が海に廃棄されたプラスチックゴミから作られた世界初のアッパーである。1足に付き平均11本分のペットボトルに相当する再生プラスチックを用いている（写真4）[9]。

当時の生産数は控えめで、世界でも限られた人しか手にできなかったが、2019年になると、その生産数は「世界で1100万足に到達することが見込まれている」と同社は発表している。

さらに2021年春夏には、「FUTURECRAFT.LOOP（フューチャークラフト．ループ）」を発売予定。このシューズは、使われている材料が熱可塑性ポリウレタンのみで、全体が単一素材でつくられ、接着剤を使用せず、100％リサイクルに回せることで廃棄フリーを目指した。ランナーが履きつぶしたシューズは回収すると、洗浄したあと分解し溶かされ、リサイクルして、再び糸に紡がれた後に編まれ、成型され、また新しいスニーカーに生まれ変わる[10]。

アディダスジャパンでは、2015年以来さまざまな分野でのプラスチック問題に対して活動してきたが、2019年6月に、新たな取り組み「TAKE BACK PROGRAM（テイクバック・プログラム）」を発表した。

このプログラムは、2016年にドイツで始動。その後カナダで展開がスタートし、日本は3ヶ国目の導入となる。全国の直営店14店舗

に「コレクターズ・ボックス」を設置し、ブランドを問わず使用済みの衣類やシューズ、バッグなどを回収する。回収された製品は、分別され、パートナー企業に送られる。不要なアパレルやシューズなどを捨てるのではなく、すべての製品に二度目・三度目の命を与えることを目的としている[11]。

3. これからのスポーツ用品メーカーの取り組み

SDGs では、発展途上国・先進国を問わず全人類が解決すべき共通目標として、17 の目標が設定されいるが、私が重要と考えるのは、目標 13：気候変動、目標 14：海洋、目標 15：生態系、の環境に関連する項目である。人類の生命を握っているのが地球の環境であるからである。例えば、プラスチックゴミは海に流されると 200 年以上も海に浮かび続け、30 年後の 2050 年には海のプラスチックゴミと魚の量が同じになるともいわれているからである。

そして、スポーツ用品メーカーがもっと取り組むべき項目は、目標 12：つくる責任つかう責任と考える。

スポーツ用品メーカーは、オリンピックと共に一早く環境問題に取り組んできたが、さらに地球の環境を考えた商品開発が必要であり、大量に商品をつくり、大量に消費してきた流れを見直す時が来ている。

現実的な取組として、すでに行われているが、すべての企業で 3R の取り組みが必要である。

○ Reduce（減らす）：

スポーツ用品をつくる時の材料の無駄を減らす。

パーツを減らして、スポーツ用品をつくる。

スポーツ用品の生産数量を減らす。

そのために、所有でなくシェアする。

耐久性を高め、長く大切に使えるようにし、廃棄を減らす。

そのために、自分で修理できるようにする。　など

○ Reuse（用品やパーツとして再利用）：

使用しない人と必要な人のマッチングを工夫する。

回収方法の工夫。

　例：メーカーが古着や用具を買い取る。

分解しパーツとして再利用する。分解しやすい設計にする。

　例：シューズのソール部分を交換できるように設計する。　など

○ Recycle（原材料として再利用）：

分解・分別しやすい設計にする。

分離せず、そのままリサイクルできるように同じ素材で作る。

リサイクル技術の開発。

リサイクルしやすい素材を使う。　など

メーカー→小売→消費者と川上から川下で終わるのでなく、メーカー→小売→消費者→メーカーへと循環するクローズド・ループ・システムを構築する必要がある。

そのために様々な取り組みが考えられるが、環境問題を解決することは出来ないであろう。なぜなら、環境対策を打ちながらも、一方で市場を拡大する戦略を打ち、売上や利益の追求を目標にしているからである。決して、商品をつくらない、使わない方向には向いていない。

真剣に、環境問題に取り組むならば、ものを捨てなかった時代に戻らなければならない。一説では、人間の作り出したものと地球の浄化能力が均衡したのが、1980年頃と言われている。

今後は、便利なものをたくさん所有し、すぐに捨てる「モノの量」を

中心とした時代から、不便でも少しのものを大切にし、末永く所有する「ココロの質」を中心とする時代に戻ることである。

　事例を挙げて説明しよう。例えば、野球のグラブであるが、昔はグラブを購入すると、グラブに自分の手でオイルを塗り、形を整え、時間をかけて使いやすいグラブにした。不便であるが愛着が湧いた。いつまでも、大切に使おうとした。しかし、今のグラブは購入すると直ぐに使える状態で販売されている。グラブをいつまでも大切に使う心はどこかへ行ってしまった。(本当に野球を愛する人は、用具を大切にしていると思うが)

　また、所有からシェアの時代である。シェアリングエコノミーにより、自動車を始め、ファッション、ブランドバッグまで、シェアする時代である。スポーツ用品は、勝敗を決める重要なアイテムであるために、簡単にシェアはできないが、遊びとしてのスポーツや、高価なスポーツ用品なら可能である。

　スポーツ用品もシェアできれば、スポーツ用品の数量を減らすことが出来る。

　これからのスポーツ用品メーカーは、ただ消費者が望む便利な商品を追求するのでなく、地球の限界を考え、消費者が愛着を持ちいつまでも大切にするスポーツ用品の開発を目指し、消費者にもそのことを伝える消費者教育も、メーカーの役割と言える。

　スポーツ用品メーカーが、シェア獲得の競争をしている場合ではない、業界で助け合う共創が求められているのではないだろうか。

　多くのアスリートたちも、未来の子どもたちに、スポーツできる環境を守るために、環境保護活動に積極的に取り組んでいる。

　これからのスポーツ用品メーカーの役割は、スポーツ用品の提供ではなく、我々スポーツを愛する人が、いつまでも、安心して、楽しくス

ポーツできる環境を守り、整えることではないだろうか。

●引用・参考文献

1） アシックスのサステナビリティ：
 https://corp.asics.com/jp/csr/our-approach（2020年6月10日参照）
2） ASICS REBORN WEAR PROJECT：
 https://www.asics.com/jp/ja-jp/tokyo2020/rebornwear/（2020年
 6月10日参照）
3） ミズノ　SDGs：
 https://corp.mizuno.com/jp/about/sdgs.aspx（2020年6月10日参照）
4） デサントCSR情報：
 https://www.descente.co.jp/jp/csr/（2020年6月10日参照）
5） NIKE Reuse a Shoe：
 http://www.nikereuseashoe.com/（2020年6月20日参照）
6） GRIND：
 https://www.nikegrind.com/（2020年6月20日参照）
7） NIKE sustainability：
 https://www.nike.com/sustainability（2020年6月20日参照）
8） パーリーオーシャンプラスチック：
 https://news.adidas.com/parley-ocean-plastic（2020年6月20日参照）
9） sustainable brands：
 https://www.sustainablebrands.jp/news/os/detail/1189062_1531.
 html（2020年6月20日参照）
10） fashionsnap.com〈http://fashionsnap.com/〉：
 https://www.fashionsnap.com/article/2019-04-21/adidas-futurecraft-
 loop/（2020年6月20日参照）
11） アディダス　プレスリリース：
 2019年6月5日アディダス ジャパン株式会社

Chapter 15

国際スポーツ競技団体とSDGs

追手門学院大学 大学院
現代社会文化研究科 教授　　上田　滋夢

1. はじめに

　国際連合は、2000年に「United Nations Millennium Declaration」（国際連合ミレニアム宣言）(UN,2000) を行い、「Millennium Development Goals (ミレニアム開発目標、以後、『MDGs』)」の８項目を定めた (UNDP,2017,web)。そして、2015年3月、「開発と平和」を目的とした「Sustainable Development Goals (持続可能な開発目標、以後、『SDGs』) の17項目へと拡大させた (UNDP,n.d,web)。

　近年、多くの国際機関は「平和と持続可能な開発 (SDG)」のため、積極的に国際スポーツ競技団体との協力を行っている。そこで本章では、国際スポーツ競技団体と国際連合ならびに関連の国際機関 (機構) (以後、「国連関連機関」) にみられる、「平和と持続可能な開発」の系譜を辿りながら論を進めていくこととしたい。

2. 国際機関とスポーツの関わり

⑴スポーツの社会化の息吹

　国連関連機関と国際スポーツ競技団体の関係の始まりは、1922年の第1次世界大戦終結のためのベルサイユ条約にて設立された、ILO（International Labour Organization：国際労働機関）とIOC（International Olympic Committee：国際オリンピック委員会）の間での協力同意であった。その後の1924年、第6回 ILO 総会では、当時 IOC 会長であったクーベルタンの支援を受け、「労働者の余暇」の問題を採りあげ、「余暇時間の利用に関する勧告（1924;No.21）」第4項「余暇時間活用のための制度」の制定を採択した（Di Cola,2006,p1）。

　また、1945年に設立された UNESCO[1]（国際連合教育科学文化機関）は、1950年代初頭から「身体教育[2]とスポーツは健康とその価値の継承を育む手段」として、スポーツの重要性を認識している（UNESCO,n.d,a,web）。その後、UNESCO が主導でスポーツに関わる国際メカニズムを創設している。

　1976年に第1回 MINEPS[3]（身体教育・スポーツ担当大臣ならびに上級官僚会議）をパリで開いた（UNESCO, n.d,b,web）。その2年後の1978年、創設時の「UNESCO 憲章」にみられる普遍的な精神をもとに、「身体教育とスポーツの実践は全ての人々の基本的権利である」（UNESCO, n.d,c,web）との文章を加えた改訂を行った。

　この「UNESCO 憲章」の文言の追加によって、「スポーツ活動は人々の基本的人権」であることが認識され、現在まで非常に大きな影響を及ぼしている。

　さらに同年、UNESCO は、CIGEPS[4]（身体教育とスポーツのための

政府間委員会) を設立した。この委員会の目的は「スポーツの役割と価値ならびに公共政策との関連性を促進すること」であった。UNESCO は CIGEPS を通じて、スポーツと身体教育の分野で各国政府を巻き込み、各国のスポーツに対する政策を促進させた (UNESCO, 前掲 c, web)。

1997 年の UNESCO 総会では、これまで CIGEPS の唯一のプラットホーム (会議) であった MINEPS[5] を、常設評議会 (Permanent Consultative Council) へと昇格させ、常態的な国際プラットホームをつくっている (UNESCO, 前掲 b, web)。

ILO は「労働者の余暇」との関わりで、UNESCO は「人々の権利」という UNESCO の使命との関わりを通して、スポーツの社会化を発生させた。また、UNESCO によるスポーツに関わる国際メカニズムの創設は、CIGEPS に参加していた国際連合、そして MDGs にも大きな影響を及ぼしたことが、後に明らかとなる。

(2)国際メカニズムの稼働 (MDGs)

国連関連機関、特に UNESCO がスポーツに関する政策の主体であった。新たな世紀を迎えて、国際連合はミレニアムサミット (Millennium Summit) を行った。その中で「国際連合ミレニアム宣言」を行い、第 10 項に次のような文章を記載した。

私たちは加盟国に対し、個別的にも集団的にも、現在も将来も「オリンピック休戦」を遵守し、スポーツとオリンピックの理想を通じて平和と人間理解を促進する IOC の努力を支援することを強く求める (UN/A/RES/55/2)。

そして、2015年までに達成すべきMDGsの8項目全てに渡って細目が示され[6]、全ての項目において、スポーツが重要な貢献をもたらすことが明記された（SDPIWG,2008,P9-11）。

　2001年2月にアナン（Kofi Atta Annan）国際連合事務総長（以後、「事務総長」）は、アドルフ・オギ元スイス連邦大統領（Adolf,Ogi；大統領在任1993,2000）を「開発と平和のためのスポーツ特別アドバイザー（Special Adviser on Sport for Development and Peace）」に任命した。その使命は「国際連合とスポーツ関連組織との関係性の強化、国際連合による開発と平和の促進に導入可能なスポーツ組織によるプログラムの特定」（UN,2001,web）であった。

　翌2002年、同事務総長は、「開発と平和のためのスポーツに関する国際連合関連機関横断的タスクフォース」を招集し、国際連合のメカニズムにスポーツを取り込む検討を始めた（UN,2003a,p1）。2003年には、「第1回スポーツと開発に関する国際会議」をスイスのマグリンゲンで開催。この会議は、スポーツ連盟、政府、国際連合・関係機関、メディア、アスリート、ビジネス機関、市民社会からの参加があった。「スポーツと開発」に関する初の国際的なハイレベル層の会議であった。また同年、「ネクスト・ステップ（Next Step）」と命名された、初の「スポーツを通じた開発に関する国際専門家会議」（アムステルダム）が開催された。この会議は、前述のマグリンゲン会議とは異なり、主に草の根レベルの実務家が参加した（Right to Play,2004,p23）。

　2002年冬季オリンピック・ソルトレイクシティ、2004年夏季オリンピック・アテネの両大会期間中に、「開発と平和にむけたスポーツの力の活用」をテーマとして、「スポーツと開発」のためのラウンドテーブル・フォーラムが開催されている（Right to Play,前掲書,p24）。

　本フォーラムは「スポーツと開発」に関する会議をオリンピック

開催と同期させ、「MDGs の達成に関わるスポーツの可能性」についての議論であった。各国代表の政治指導者や開発に関する国際的専門家が一堂に会した。50 ヶ国と 9 の国連関連機関、スポーツ団体が参加したこのフォーラムは、「開発と平和にむけたスポーツの活用」の新たな政策枠組みを構築する「開発と平和のためのスポーツ国際ワーキンググループ (SDPIWG: Sport for Development & Peace International Working Group)」へ発展することとなった (SDPIWG,2008,p Ⅶ)。

2003 年 11 月の国際連合総会 (以後、「総会」) にて、「スポーツと身体教育の国際年 (IYSPE: International Year of Sport and Physical Education)」(UN,2003b: A/RES/58/5) を 2005 年とした。IYSPE を通じて、各国政府や国連関連機関、国際スポーツ競技団体などに対して、MDGs の達成のため、「スポーツの手段的活用」を促進するように通達している (UN,2006)。

2007 年 1 月にパン・ギムン (Ban Ki-moon) 氏が事務総長に就任した。翌年の 2008 年、MDGs 達成のための 3 つの政策が執行された。

1 つ目は、2001 年より「開発と平和のためのスポーツ特別アドバイザー」であったアドルフ・オギ氏の後任に、ドイツの上院議員であり、ドイツのプロフットボールクラブの経営陣でもあった、ヴィルフリード・レムケ (Wilfried Lemke) 氏の指名。2 つ目は UNOSDP[7] (開発と平和のためのスポーツオフィス) の設置。3 つ目は「スポーツ信託基金 (Trust Fund for Sport for Development and Peace)」の創設であった (UN,2008,web)。

MDGs 達成のため、国際連合のメカニズムにスポーツを活用する準備が整った。

さらに大きな進展が見られる。2009 年 10 月の総会にて、IOC は

総会オブザーバーとなることが決議された (UN,2009:A/C.6/64/L.5, IOC,2009,web)。これによって IOC は、総会への議場出席と政策提案のための事前協議に参加が可能となった[8]。

また、2013 年 8 月 23 日の総会にて、「スポーツの比類無き人気と肯定的な価値基盤が、国際連合の目的とする『開発と平和の促進』に貢献するために理想的な立ち位置にある」として、4 月 6 日を「開発と平和のための国際スポーツデー (IDSDP: The International Day of Sport for Development and Peace)」と定めている (UN,2013: A/RES/67/296)。

さらに 2014 年 4 月 28 日、国際連合と IOC は覚書を交わした。同時にパン・ギムン事務総長は、ジャック・ホッヘ[9] (Jacques Rogge) IOC 名誉会長 (前会長；在任 2001-2013) を「青少年難民・スポーツ特使」に指名した (UN,2014,web)。

同年 10 月の第 69 回国際連合総会「教育、健康、開発と平和を推進する手段としてのスポーツ」の決議において、以下の文言が明記されて採択された。

> 「スポーツの独立性と自律性 (independence and autonomy)、およびオリンピックムーブメント[10]を主導する (leading) 国際オリンピック委員会の使命を支持する」(UN,2014: A/RES/69/6)

本決議では、これまでの総会決議を確認しながら、「教育、健康、開発と平和を推進する手段としてのスポーツ」を各政府の政策に取り入れることを要請した 17 項目の方針の前文に明記されている。

MDGs の到達目標年が近づくに連れて、国際連合の描く、スポーツを「開発と平和の重要な実現手段」とする国際メカニズムが稼働し始

めた。このスポーツに関わるメカニズムの中心的役割を IOC が担うことが徐々に明らかになっていく。

⑶ SDGs の達成に向かって

2015 年、MDGs の達成目標年が訪れた。この年に行われた第 70 回総会にて、「ポスト 2015 の開発」として、17 の持続可能な開発目標 (SDGs) と 169 の下位細目 (到達目標は 2030 年) が採択された (UN,2015:A/RES/70/1)。

冷戦以降、国際連合が主導してきた、環境と開発に関するリオ宣言 (1992)、社会開発に関するコペンハーゲン宣言 (1995)、人口と開発に関する会議による行動計画 (1994)、北京行動プラットフォーム (1995)、持続可能な開発に関するヨハネスブルグ宣言 (2002) などの「持続可能な開発に関する世界会議」を踏まえたものが SDGs である (UN,2015,A/RES/70/1,par. 11)。スポーツは「開発と平和の重要な実現手段」として以下のように明記された。

> スポーツもまた、持続可能な開発の重要な実現手段 (enabler) である。我々は、寛容と敬意の促進によって、開発と平和の実現へのスポーツの貢献が増大していること、また、女性、若者、個人、コミュニティへのエンパワーメント、および、健康、教育、社会的包摂の目標に対して貢献していることを認識している。(UN,2015, A/RES/70/1,par. 37)

上記決議の約 4 か月後の 2017 年 5 月 4 日、グテーレス新事務総長は、「国際連合と IOC のトーマス・バッハ (Thomas Bach) 会長との間で、両組織の直接のパートナーシップを確立することで合意し

た」と発表した (UN,2017a,web)。これにともない UNOSDP の閉鎖が同年 4 月 30 日に遡って決定した。その後の業務は DESA[11] (国際連合経済社会局) が引き継ぐこととなった (UN,2017b,web)。

2008 年、パン前事務総長の時代に事務局傘下の組織として、スポーツを国際連合の描く国際メカニズムに組み込むために創設され、スポーツの政策に関わる多くの会議やサミットを主催し、その政策実現のためのプログラム開発などを行ってきた組織が閉鎖されることとなった。

これは、これまでの UNOSDP の役割を IOC が代わって担い、IOC が主導して SDGs を具現化させていくことを示唆したものであった。国際連合の「持続可能な開発の重要な実現手段」であるスポーツ。このスポーツの政策執行を IOC が担うこととなり、IOC は国際連合の中で非常に重要な位置づけとなった。

3. FIFA と SDG

前節までは SDG に関わる国際連合と IOC の系譜を辿った。本節では FIFA[12] (国際フットボール連盟) と「平和と持続可能な開発」―国際連合では SDGs―に関わる取り組みを概観したい。

IOC の加盟数を上回る FIFA は、創設以来、全世界でフットボールを通じて様々な社会的取り組みを行って来た。特に 2005 年の FIFA 総会にて、第 3 のミッション "Build a better future" (より良い未来をつくろう) を採択し、もはや国際的なフットボールのガバナンスや主催国際大会の運営にとどまらない義務があることを明確に意識し始めた。「平和と持続可能な開発」のために、より積極的に関与していくことを優先事項とし、社会と環境への配慮が FIFA の事業の中心に据

えられるようになっている（FIFA,2014,p20）。

⑴多様性の尊重と差別の根絶

　歴史を紐解くと、「多様性の尊重と差別の根絶」に対する取り組みがみられる。1960年の南アフリカのアパルトヘイト政策への反対決議である。1962年に早くもFIFA規約（FIFA Statutes）へ差別に関する条文が付記されている。近年の動きとしては、2002年に「FIFA反差別デー」が開始され、2004年にはフットボール界における、あらゆる形態（人種、年齢、ジェンダーなど）の差別を禁じたFIFA倫理規定（Code of Ethics）を制定している（FIFA,2019,p2）。

　2013年、「人種差別と差別に反対するタスクフォース」の設置。2015年5月から始まる2018FIFAワールドカップ・ロシア大会の最終予選、2017コンフェデレーションズカップ・ロシア大会において、「FIFA反差別モニタリングシステム」を導入した。

　警戒すべき850試合以上の試合において、差別案件の評価・報告・懲戒を行うものである。その後の2022年同カタール大会でも行われることが2019年7月に発表されている（FIFA,2019,p3）。これは「差別の根絶」に対する具体策であり、かつ「差別の根絶」に対するFIFAの強い意志がわかるものである。

　また、女性の社会進出についても積極的な活動がみられる。2015年3月には第1回FIFA女子フットボールとリーダーシップ会議を開催し、女性のリーダーシップの推進を行っている。同年6月には女性のリーダーシップ開発プログラムを開始した。2016年3月には第2回同会議が開かれている。

　FIFAは女子のワールドカップの普及だけでなく、多様性（Diversity）の観点からも、あらゆる文化の中で女性の社会進出の支

援と促進に取り組んでいることがみられる（FIFA,2016,p3）。

　この様に、FIFA は早期から「多様性の尊重と差別の根絶」を求めた「闘い（fight）」を、フットボールを通じて行って来た（FIFA,2016,p1:2019,p1）。そして、2016 年 7 月に「FIFA ダイバーシティーアワード」を発表してこれらの活動を讃えている。さらに同年 12 月の FIFA クラブワールドカップ[13]2016 準決勝を、「FIFA 反差別デー」とし、その後の FIFA 主催の全大会で継続されている。

　人類の半数の人々が視聴するワールドカップ[14]や各大陸で絶大なる人気を誇るクラブが出場するクラブワールドカップの試合前後に、全世界で認知されているスーパースター達全員が、「SAY NO TO RACISM」などの横断幕を掲げる姿の影響力は計り知れないものがある。

⑵社会開発と教育

　社会開発と教育に関わる活動として、1999 年 7 月に立ち上がった「FIFA ゴールプロジェクト（Goal Project）」があげられる。本プロジェクトの目的は、各フットボール協会（以後、「FA」）をエンパワーメントすることである。安全なインフラ整備、適正なガバナンスとマネジメント、医科学を含めたフットボールの教育、そしてユース年代への教養教育を、各 FA に合わせたテーラーメイド型で提供するものである。開発担当の専門家（FIFA Higher Experts）が 15 ～ 20 の FA を担当し、各地域には開発局（Development Office）を設置した（FIFA,2002,web）。

　2005 年以降、このプロジェクトは"Football for Hope（Movement）"（フットボール・フォー・ホープ）へと継承され、さらに発展している。"Football for Hope（Movement）"は、2005 年から 2015 年までの

間で、78 ヶ国、170 の NGO/NPO を支援し、450 の社会開発プログラムを提供している (FIFA,n.d,web)。

(3)環境への配慮

2006 FIFA ワールドカップ・ドイツ大会では、社会・環境キャンペーン「グリーンゴール」を行った。本大会は、包括的に環境に配慮した世界初の大会であった。

使用する 12 のスタジアムを含め、大会期間中に排出されるドイツ国内の温室効果ガスの削減目標値を具体的に掲げた大会であった (FIFA,2005,web)。さらに FIFA は、2012 年 6 月に開催された国際連合「Rio+20 サミット」において、FIFA ワールドカップ・ブラジル大会に向けた環境保護の取り組み、温室効果ガス排出量の低減目標を発表した。これらの経験値から、2015 年 7 月には、FIFA ワールドカップ・ロシア大会に向けた「FIFA サスティナビリティ戦略」を発表した (FIFA,2015)。

現在、FIFA 主催の全ての大会において、開催国の選定時に包括的な「サスティナビリティ戦略」を提示することを課している。

(4)国際連合や国連関連機関とのパートナーシップ

FIFA が、国際連合や国連関連機関との「平和と持続可能な開発」に関わる包括的な活動を行うきっかけとなったのは、1999 年 1 月に国際連合アナン事務総長と FIFA ブラッター会長 (両者とも当時) の間で、「共通の価値観 (Common Values)」を持つことに合意したことからである。その年の 6 月、UNHCR[15] (国際連合難民高等弁務官事務所)、UNICEF[16] (国際連合児童基金)、UEFA[17] (ヨーロッパフットボール連盟) とコソボ紛争地域にて、協同でフットボールを通じた難民の子ども達の

生活環境改善活動を行った (FIFA,2011,web)。その後も多くのキャンペーン等を行っているため、代表的なものについて以下に述べたい。

2001 年 11 月 20 日、UNICEF とのアライアンスを発表。2002 ワールドカップ・日本 / 韓国大会よりこの関係は開始されることとなった。2003 年 2 月、ILO と「児童労働へのレッドカード」グローバルキャンペーン展開に合意した。同年 12 月、FIFA ワールドプレーヤー・ガラ 2003 の後に、初の「貧困との闘い」を開催。これらは FIFA の支援を受けて、UNDP (国連開発計画) が企画したものであった。

2005 年 7 月、FIFA は UNEP[18] (国連環境計画) の「愛知宣言」に署名した。持続可能な社会の実現に向けて、スポーツを通じた環境活動の推進、地球環境問題の解決に向けた取り組みに協力することに合意した。

2006 年 1 月、ILO/IPEC[19] プログラム、「サッカーボール産業における児童労働の撤廃」を全面的に支援した (FIFA は 1997 年からこのプログラムを財政的に支援) (FIFA,2011, 前掲 web)。

SDGs 提示以降では、2016 年 9 月に UNFCCC[20] (国連気候変動枠組条約) の"Climate Neutral Now" (クライメート・ニュートラル・ナウ) に参加した初めての国際スポーツ競技団体となった (UN,2016,web)。

2019 年 10 月 4 日には WHO[21] (世界保健機関) との間で、「健康的なライフスタイル」を促進するために、地球規模のゲームの持つ「壮大な可能性」を活用することに合意した (UN,2019,web)。その直後の COVID-19 によるパンデミックに際しても、いち早く WHO と協同で「感染防止対策ガイドライン」を提供し、加盟 211 協会、6 大陸連盟[22] 他に、「医療的配慮とリスク評価」ツールを提供している。

一般社会に対しても独自の活動を行っている。ロックアウト開始以

降、"Stay Home" や "Safe Home" の動画や家庭内で出来るアクティビティを、双方向メディアツールを使って web 配信にて提供し続けている。

さらに、"Football Supports Humanity's Heroes"（フットボールは人類のヒーローを支援する）の活動である。COVID-19 に直面しても社会が機能し続けるために尽力する医療従事者やその他の専門家へ、その努力と危険を顧みない志に感謝の意を表すために、過去と現在の両方のフットボールのスター達が「人類のヒーロー」に敬意を表す映像を web で流し続けている（FIFA,2020,web）。

FIFA は、このように国際連合や国連関連機関と協同で、SDGs 達成への多くの取り組みを行う一方で、スポーツを超えた使命として、フットボールという世界最大のメディアチャネルやフットボールプレーヤーという世界最大のインフルエンサーを通じて、人々のより良い未来（Building a Better Future）を創る活動を行っている。

▌4. スポーツの持つ不思議な力

国際連合は「平和と持続可能な開発」を目的とした MDGs、その後に SDGs を設定した。これらの実現のために「スポーツの持つ力」に着目し、「スポーツが持続可能な開発の重要な実現手段」であることを見出した。そして、国際スポーツ競技統括団体としてオリンピックムーブメントを主導する IOC との共創を行っている。

IOC はオリンピックの理念でもある「スポーツの持つ力」が、国際連合の目的とする「平和と持続可能な開発」と合致することから、「スポーツが持続可能な開発の重要な実現手段」であるとした国際連合との共創を進めている。

そして、人類の半数以上をファンや愛好家として包摂するフットボールの統括団体であるFIFAは、国際連合の目的とする「平和と持続可能な開発」との共創だけではなく、「スポーツを超えた使命」として、「フットボール（スポーツ）の持つ力」を人々のより良い未来を創る力へと転換させている。

　古のオリンピックは生死を争うものであった。古のフットボールは野蛮な暴力の象徴であった。これらが近代スポーツへと変容することによって、非暴力による競争となった。また競技者のみならず、その場に居る観衆は、非日常性を得るために、その場に居ることに興じた。その総称がスポーツであった（Elias,1986）。

　「平和と持続可能な開発」とは正反対の「人々の営み（行為）」が、現代社会においては「生きる権利」の象徴、「平和」の具現者、「未来」を創る力として、国際連合を含めた国際機関、いや人類において欠かせぬ存在となっている。未来の社会は、「スポーツの持つ不思議な力」とはなにかを我々に問いかけているのかもしれない。その解の探究こそが、人類の「平和と持続可能な開発」なのかもしれない。

●注釈

1　United Nations Educational, Scientific and Cultural Organization;1945年、44ヶ国によってInternational Charter of Physical Education, Physical Activity and Sport（UNESCO憲章）を採択したことに始まる。「人類の知的・道徳的連帯の確立」によって二度と戦争を起こさないことを目的としている（UNESCO,n.d,a,web）。

2　"Physical Education"は「体育」と訳されてきたが、わが国の「体育」の理解とは大きく異なる。本章ではステレオタイプに「体育」と理解されないように「身体教育」を使用する。

3　International Conference of Ministers and Senior Officials Responsible for Physical Education and Sport

4 Intergovernmental Committee for Physical Education and Sport

5 MINEPS Ⅰ (パリ,1976)、MINEPS Ⅱ (モスクワ,1988)、MINEPS Ⅲ (プンタ・デル・エステ / ウルグアイ,1999)、MINEPS Ⅳ (アテネ,2004)、MINEPS Ⅴ (ベルリン,2013)、MINEPS Ⅵ (カザン / ロシア,2017) で開催された。(UNESCO,n.d,d:e,web)

6 1.「極度の貧困と飢餓の撲滅」は 5 項目、2.「普遍的な初等教育の達成」は 3 項目、3.「ジェンダー平等の推進と女性の地位向上」は 5 項目、4.「乳幼児死亡率の削減」は 5 項目、5.「妊産婦の健康の改善」は 2 項目、6.「HIV/AIDS、マラリア、その他の疾病の蔓延防止」は 5 項目、7.「環境の持続可能性を確保」は 2 項目、8.「開発のためのグローバルなパートナーシップの推進」は 1 項目、合計 28 細目であった。

7 United Nations Office on Sport for Development and Peace:開発と平和のためのスポーツオフィス。事務局傘下の部局であり、日本語の事務所とは機能が異なる。

8 決議 (A/C.6/64/L.5) には"Decides to invite the International Olympic Committee to participate in the sessions and the work of the General Assembly in the capacity of observer;"とある。議決権はないものの、事前協議等 (work) への権限 (capacity) を付与している。

9 Rogge 氏はベルギーのフラマン語圏 Gent 出身の貴族である。そのため"R"と"G"、特に"GG"の発音を日本語化するのは大変困難である。フラマン語圏では「ホッヘ」、フランス語圏では「ホーギュ」が近い。英語の場合も「ローグ」である。本書がこれからの国際人のためのテキストであることを鑑み「ホッヘ」と表記する。

10 オリンピックムーブメント (Olympic Movement) は、オリンピック創設以来のオリンピズムを記すオリンピック憲章 (Olympic Charter),Chapter1.1 によって定義されている。「オリンピックムーブメントのゴールは、オリンピズムとその価値にもとづいて実践されるスポーツを通じて青少年を教育し、平和でより良い世界の構築に貢献することである。」(IOC,2019,p15)

11 United Nations, Department of Economic and Social Affairs:国際連合内

の部局である。

12 Fédération Internationale de Football Association (FIFA) は211の加盟協会を持つ (2020年6月現在)。1国1協会ではなく、一定の自治権を持った地域の協会も加盟が可能である。IOCも同様の要件にて206の各国 (地域) オリンピック委員会を承認している点で比較が可能である。

13 FIFA Club World Cupはクラブチームの世界一を決める大会。2000年に第1回大会が始まり2005年まではFIFA Club World Championshipであった。2005年にトヨタカップ (Intercontinental Cup) を吸収し、2006年より現名称と現形態となった。

14 2018 FIFA World Cup Russiaでは全世界の35.72億人が視聴し、決勝は11.2億人が視聴した (FIFA,2018,web)。

15 United Nations High Commissioner for Refugees:1950年創設。国際連合の難民問題を扱う機関。当初は経済社会理事会の専門機関であったが国連総会の補助機関となった。

16 United Nations Children's Fund:1946年創設時は国際連合国際児童緊急基金 (United Nations International Children's Emergency Fund) であったため略称が残った。

17 Union of European Football Associations: ヨーロッパ各国・地域フットボール協会を統括。ヨーロッパ全域を統括するため、その判断はEU, FIFAへも多大なる影響を与えている。

18 United Nations Environment Programme: 環境に関する諸活動の総合的な調整を行う国連総会の補助機関。

19 International Programme on the Elimination of Child Labour:1992年開始。児童労働撤廃国際計画。危険有害労働や最悪の形態の児童労働の撤廃を目標とする技術協力プログラム。

20 United Nations Framework Convention on Climate Change:1992年にリオ・デ・ジャネイロで開催された環境と開発に関する国際連合会議において地球温暖化対策の枠組みを決定した環境条約である。197ヶ国が締約し、2015年のパリ協定の親条約である。

21 World Health Organization:1948年設立。人間の健康は基本的人権の1つ

であるとして、その達成を目的として設立された国際連合の専門機関。
22 FIFAに所属する大陸連盟はAsian Football Confederation（AFC：アジア
フットボール連盟）47FA,Confederation of African Football（CAF：ア
フリカフットボール連盟）56FA, UEFA（前述）55FA,Oceania Football
Confederation（OFC：オセアニアフットボール連盟）11FA, Confederation
of North, Central American and Caribbean Association Football
（CONCACAF：北中米カリブ海フットボール連盟）41FA, Confederation
Sudamericana de Fútbol（CONMEBOL：南米フットボール連盟）10FAで
ある。この中にはFIFA未公認のFAも含まれる。

●参考文献

Di Cola, Giovanni(2006), "introduction", p1,(ed.), Di Cola,Giovanni,
"Beyond the scoreboard:Youth employment opportunities and skills
development in the sports sector, International Labour Organization,
p1. Retrieved 20.June.2020, from: https://www.ilo.org/wcmsp5/
groups/public/---ed_emp/documents/publication/wcms_116484.pdf.

Elias Norbert and Dunning Eric(1986), "Quest for Excitement -Sport and
Leisure in the Civilization Process", Basil Blackwell.

Fédération Internationale de Football Association (2014),
"Sustainability Report- 2014 FIFA World Cup Brazil", p20, Retrieved
30.July.2020,from: https://resources.fifa.com/image/upload/
sustainability-report-of-the-2014-fifa-world-cup-2509269.pdf?cloudid=
educsd2hgasief3yeoyt

Fédération Internationale de Football Association (2015), "Sustainability
Strategy of the 2018 FIFA World Cup Russia", Retrieved 30.July.2020,
from:: https://resources.fifa.com/image/upload/sustainability-strategy-
for-the-2018-fifa-world-cup-2666950.pdf?cloudid=h0ysulsujvogspqmn
bhl

Fédération Internationale de Football Association (2016), "Milestone for
diversity and anti-discrimination at FIFA", p3, Retrieved 30.July.2020,

from: https://resources.fifa.com/image/upload/fifa-milestones-on-diversity-and-anti-discrimination-2771494.pdf?cloudid=kitrr9i2lvkaxkxybuy7

Fédération Internationale de Football Association (2019), "Diversity and Anti-Discrimination at FIFA" ,p2-3, Retrieved 30.July.2020, from: https://resources.fifa.com/image/upload/diversity-and-anti-discrimination-at-fifa.pdf?cloudid=arn2ylavxd26pnn2l83i

International Olympic Committee (2019), "Olympic Charter", Retrieved 14.July.2020, from: https://stillmed.olympic.org/media/Document%20Library/OlympicOrg/General/EN-Olympic-Charter.pdf#_ga=2.256809995.1812763609.1594647832-2058921187.1592175836

Right to Play(2004), "Harnessing the Power of Sport for Development and Peace-Position Paper" ,p23-24,Retrieved 24.June.2020, from: https://www.sportanddev.org/sites/default/files/downloads/45b__harnessing_the_power_of_sport_for_development_and_peace__report_from_the_athens_.pdf.

Sport for Development & Peace International Working Group(2008), "Harnessing the Power of Sport for Development and Peace: Recommendations to Governments" ,p Ⅶ , p9-11,Retrieved 26.June.2020, from: https://www.sportanddev.org/sites/default/files/downloads/rtp_sdp_iwg_harnessing_the_power_of_sport_for_development_and_peace.pdf

United Nations(2000),"United Nations Millennium Declaration", Retrieved 24.July.2020, from: https://documents-dds-ny.un.org/doc/UNDOC/GEN/N00/559/51/pdf/N0055951.pdf?OpenElement

United Nations(2003a), "Sport for Development and Peace: Towards Achieving the Millennium development Goals" ,p1. Retrieved 24.June.2020, from: https://www.sportanddev.org/sites/default/files/downloads/16__sport_for_dev_towards_millenium_goals.pdf.

United Nations(2003b), Resolution adopted by the General Assembly on 3 November 2003 (A/RES/58/5). "Sport as a means to promote education, health, development and peace", Retrieved 17.July.2020, from: https://undocs.org/en/A/RES/58/5.

United Nations(2006), "Report on the International Year for Sport and Physical Education 2005",Retrieved 26.June.2020, from: https://www.un.org/sport/sites/www.un.org.sport/files/ckfiles/files/Electronic_Version_IYSPE_book.pdf.

United Nations(2009), by the General Assembly on 23 July 2008(A/RES/62/271). "Observer status for the International Olympic Committee", Retrieved 19.July 2020, from: https://undocs.org/en/A/C.6/64/L.5

United Nations(2013), Resolution adopted by the General Assembly on 23 August 2013 (A/RES/67/296), "International Sport for development and Peace", Retrieved 03.July.2020, from: https://undocs.org/A/RES/67/296.

United Nations(2014),General assembly Sixty-ninth session, Agenda item11,Sport for development and peace on 16 October 2014(A/69/L.5), "Sport as a means to promote education,health,development and peace", Retrieved 04.July.2020,from: https://undocs.org/en/A/RES/69/6

United Nations(2015),General assembly Seventieth session, Agenda items 15 and 116,Resolution adopted by General Assembly on 25 September 2015 (A/RES/70/1), "Transforming our world:the 2030 Agenda for Sustainable Development", Retrieved 06.July.2020, from: https://www.un.org/ga/search/view_doc.asp?symbol=A/RES/70/1&Lang=E

● website

Fédération Internationale de Football Association (n.d), "Who We are;Football for Hope", https://www.fifa.com/who-we-are/news/football-for-hope-2456334 (accessed 05/August/2020)

Fédération Internationale de Football Association (2002), "Who We are; Goal Project-An Introduction",https://www.fifa.com/who-we-are/news/goal-project-introduction-81676(accessed 05/August/2020)

Fédération Internationale de Football Association (2005), "2006 FIFA World Cup Germany; GREEN GOAL internet offering launched", https://www.fifa.com/worldcup/news/green-goal-internet-offering-launched-25279(accessed 05/August/2020)

Fédération Internationale de Football Association (2011), "FIFA and the 12 years of fruitful collaborationUN", https://www.fifa.com/fifaeworldcup/news/fifa-and-the-years-fruitful-collaboration-1371013(accessed 05/August/2020)

Fédération Internationale de Football Association (2018), "RUSSIA2018 ;More than half the world watched recordbreaking 2018 Word Cup", https://www.fifa.com/worldcup/news/more-than-half-the-world-watched-record-breaking-2018-world-cup(accessed 05/August/2020)

Fédération Internationale de Football Association (2020), "COVID-19 resource centre", https://www.fifa.com/what-we-do/covid-19/ (accessed 05/August/2020)

International Olympic Committee (2009), "IOC becomes un observer", Available at https://www.olympic.org/news/ioc-becomes-un-observer(accessed 05/August/2020)

United Nations(n.d,a), "1941:The Declaration of St.James' Palace", https://www.un.org/en/sections/history-united-nations-charter/1941-declaration-st-james-palace/index.html(accessed 05/August/2020)

United Nations (n.d,b), "History of United Nations", https://www.un.org/en/sections/history/history-united-nations/index.html(accessed 05/August/2020)

United Nations (2001), "Special Advisor on Sport for Development and

Peace", Available at: https://www.un.org/press/en/2001/sga768.doc.htm(accessed 05/August/2020)

United Nations (2008), "Welcoming Secretary-General's Decision to create Trust Fund for Sport, General Assembly Adopts Related Text on Promoting Development,Peace, https://www.un.org/press/en/2008/ga10732.doc.htm(accessed 05/August/2020)

United Nations (2014), UN News "UN,Olympic Committee sign formal agreement on role of sport in development,peace",https://news.un.org/en/story/2014/04/467072(accessed 05/August/2020)

United Nations(2016), "UNFCCC and FIFA join forces to combat climate change", https://www.un.org/sustainabledevelopment/blog/2016/09/unfccc-and-fifa-join-forces-to-combatclimate-change/ (accessed 05/August/2020)

United Nations(2017a), "Daily Press Briefing by the Office of the Spokesperson for the Secretary - General: Sport",https://www.un.org/press/en/2017/db170504.doc.htm(accessed 05/August/2020)

United Nations(2017b), "Office of the Spokesperson for the UN Secretary-General: U.N.,International Olympic Committee set up partnership, leading to close of U,N.Sport Office", https://www.un.org/sg/en/content/highlight/2017-05-04.html(accessed 05/August/2020)

United Nations(2019), "UN News; FIFA and UN kick off healthy living campaign, to harness global game's "huge potential", https://news.un.org/en/story/2019/10/1048572(accessed 05/August/2020)

United Nations Development Programme (n.d), "Backgroud on the goals", https://www.undp.org/content/undp/en/home/sustainable-development-goals/background.html(accessed 05/August/2020)

United Nations Development Programme (2017), "The Millennium Development Goals Report 2015", https://www.undp.org/content/undp/en/home/librarypage/mdg/the-millennium-development-goals-report-2015.html(accessed 05/August/2020)

United Nations Educational, Scientific and Cultural Organization (n.d,a),"UNESCO in Brief -Mission and Mandate-", https://en.unesco.org/about-us/introducing-unesco(accessed 05/August/2020)

United Nations Educational, Scientific and Cultural Organization (n.d,b), "Intergovernmental Committee for Physical Education and Sport(CIEGPS)" ,https://en.unesco.org/themes/sport-and-anti-doping/cigeps(accessed 05/August/2020)

United Nations Educational, Scientific and Cultural Organization (n.d,c), "International Charter of Physical Education, Physical Activity and Sport: Ethical and quality standards to foster participation by all", http://www.unesco.org/new/en/social-and-human-sciences/themes/physical-education-and-sport/sport-charter/(accessed 05/August/2020)

United Nations Educational, Scientific and Cultural Organization (n.d,d), "International Conference of Ministers and Senior Officials Responsible for Physical Education and Sport", https://en.unesco.org/themes/sport-and-anti-doping/mineps(accessed 05/August/2020)

United Nations Educational, Scientific and Cultural Organization (n.d,e), "MINEPS Ⅵ-Kazan2017", https://en.unesco.org/mineps6(accessed 05/August/2020)

メガスポーツイベントとSDGs

大阪成蹊大学 経営学部
教授　**田村　匡**

　新型コロナウィルス (Covid-19) による世界的災厄の拡大により、2020 年に予定されていた東京 2020 オリンピック・パラリンピック競技大会 (第 32 回オリンピック競技大会／東京 2020 パラリンピック競技大会。以下「東京 2020」という) は 2021 年まで延期されることとなった (注：原稿執筆の 2020 年 5 月時点での状況)。日本ではそれまで 2019 年から 2021 年にかけて 3 つのメガスポーツイベント、すなわちラグビーワールドカップ 2019 日本大会 (以下「RWC2019」という)、東京 2020、ワールドマスターズゲームズ 2021 関西大会 (以下「WMG2021」という) が連続して開催されることとなっており「スポーツ ゴールデンイヤーズ」と呼ばれていた。

　このような災厄によりオリンピックが延期されるのは史上初めてのことではあるが、それによりオリンピックの本質的な価値が影響を受けるわけではない。むしろ災厄が去った後には、オリンピックを含むスポーツイベントは、表面的な形式や実施方法は変わることがある

かもしれないが、本質的な価値そのものは益々社会において重要視され、人々の生活において無くてはならないポジションを占めるようになるのではないかと筆者は考えている。

　本章においては、まずはメガスポーツイベントと SDGs との関係を概観し、次に世界最大のメガスポーツイベントであるオリンピック、なかでも東京 2020 と SDGs について説明し、さらに RWC2019 や WMG2021 の事例について具体的に見ていくこととしたい。

1．メガスポーツイベントと SDGs の関係

　メガスポーツイベントと SDGs の関係は、2 つの観点から理解されるべきである。一つ目はメガスポーツイベントのもつ「目的」という観点から SDGs 達成にプラスになるように積極的に関与していくものと、二つ目はイベントの持つマイナスの側面を持続可能性という点から見直すことにより SDGs 達成に貢献していくという観点である。

　そもそもイベントとは何だろうか。イベントの定義には様々なものがあるが、最もシンプルなものとしては「イベントとは、何らかの目的を達成するための手段として行う行・催事である」という旧通商産業省（現経済産業省）のものがある [1]。この定義はイベントの本質的な部分を捉えていると思われるが、まずはイベントには「目的」があるということである。通常、イベントの「目的」は一つだけではなく、イベントの内容や形式、イベントへの参加の態様や関わり方等により多種多様な目的が存在する。例えば一般的なスポーツイベントの場合、競技団体の視点からは当該スポーツ競技の普及や記録向上、開催地の視点からはスポーツ関連施策の効果確認や地域の活性化、競技参加者の視点からは大会での勝利や自身の記録の向上や確認、観客の視点か

らは応援しているチームや個人の勝利、ゲームや競技による感動、ス
ポンサー企業の観点からは企業イメージの向上や広報・PR 効果等が
目的とされるであろう。メガスポーツイベントにおいてはこのような
目的がさらに多様化、複雑化していくこととなるが、一つ目の観点は、
このような目的の中に SDGs 達成に寄与できるものを組み込んでい
くという方向性のものである。メガスポーツイベントを通して「SDGs
達成に積極的に寄与できることは何か」ということを関係者間で深く
検討し、イベント実施の目的の一つとして位置づけていくというもの
である。

　二つ目の観点については、もともとイベント自体が内包している構
造的特性に起因したもので、たび重なる社会からの批判を踏まえて長
期間にわたって築かれてきたものである。イベントの構造的特性とし
ては「一過性」「仮設性」「複雑性」「自己実現性」の４つがあげられる[2]。
特に「一過性」「仮設性」に対してはかねてより強い批判があった。オ
リンピックや博覧会などの巨大イベントにおいてはなおさらで、社
会、経済、環境に与える影響が広範囲で強いほど、その批判には強烈
なものがあった。例えば今世紀最初の博覧会であった 2005 年日本国
際博覧会 (愛知万博) においては招致段階から一過性の仮設的な博覧
会のために環境破壊や資源のムダ遣いをしてよいのか等の批判があっ
た。そのような批判に応えるかたちで会場予定地を変更し、自然環境
の破壊を抑え、省資源、市民の企画への参加等の施策が取り入れられ
ていった。

　このような背景もあり、イベント関係者は、かねてより国際的な取
り組みを行ってきた。環境や社会、経済に対するサステナビリティ (持
続可能性) を最重要のテーマと掲げ、2007 年にはイギリスにおいて、
持続可能なイベント運営のためのマネジメントシステム 「BS8901」

が開発され、さらにこれを基として日本のメンバーも参画して検討が重ねられ国際規格「ISO20121」が発行された。この ISO20121 は、2012 年ロンドンオリンピックにおいて適用され、その後 2016 年リオデジャネイロオリンピック・パラリンピック、さらには東京オリンピック・パラリンピック競技大会組織委員会も 2019 年に認証取得している [3]。この国際規格は、イベント運営を対象として、イベントの環境、社会、経済に対する影響に鑑み、持続可能性に配慮することを定めているものである。ISO20121 以外にもスポーツイベントは「Sustainable Sport and Event Toolkit (SSET)」、会議イベントは「Green Meeting Guide 2009」、廃棄物処理は「Zero waste events: a 2020 vision」などの持続可能性を踏まえたイベントを実施していくための国際標準規格が開発されている。

このように、特に巨大イベントにおいては持続可能性を踏まえた関係者の努力がこれまでにも積み重ねられてきており、より環境にやさしく、社会、経済にマイナスの影響を可能な限り与えないような配慮が、国際連合（以下「国連」という）における 2030 アジェンダ採択の前から行われてきていることを理解しておく必要がある。

2．東京 2020 と SDGs

SDGs に最も深くコミットしているスポーツ関連団体は国際オリンピック委員会 (International Olympic Committee。以下「IOC」という) であろう。IOC は、国連とは別の独立した組織で、世界最大のスポーツイベント、オリンピックを主催する団体であり、以前から国連とは手を携えて様々な活動を行ってきた。詳しくは別章を参考にしていただきたいが、2015 年に国連が SDGs を採択した際の 17 の目

標や 169 のターゲットに関しては、既に IOC によって取り組まれていた活動に関係するものも多く含まれている。2012 年に開催されたロンドンオリンピック競技大会においては、前節で触れた BS8901 及び ISO20121 が適用され、「持続可能なイベント」をビジョンに、「気候変動」「廃棄物」「生物多様性」「社会的一体性」「健康的な暮らし」を取り組むべき 5 大テーマとして掲げ、イベント終了後も後世に残される「レガシー」を重要視した計画が策定された。それに従いロンドン東部地域の再生と合わせた会場づくりや社会的・経済的レガシーを踏まえた活動や運営が行われることとなった。続いて IOC は、2014 年に持続可能性を基本コンセプトとしたオリンピックの改革案「オリンピック・アジェンダ 2020」を全会一致で採択したが、これらは 17 の SDGs のうち 11 のゴールを達成することの助けとなるとしている [4]。このような経緯もあり、国連もまた IOC をスポーツの世界における SDGs の重要な実現者として位置づけているところである [5]。

　それでは次に、東京 2020 においては、どのような SDGs に関する活動がなされているのであろうか。

　東京 2020 においては、「Be better, together より良い未来へ、ともに進もう。」という持続可能性コンセプトが定められている [6]。東京 2020 は、持続可能な社会の実現に向け、問題解決のモデルを国内外に示し、地球及び人間の未来を見据え、SDGs に貢献するとともに、将来の大会や国内外に広く継承されるように取り組んでいく、としている。

　東京 2020 が取り組んでいる活動について、5 つの主要テーマごとに、いくつかの具体的取組みを紹介する。

テーマ１「気候変動：脱炭素社会の実現に向けて」

- 競技会場、IBC／MPC、選手村等において再生可能エネルギー電力を100％使用。大会後の再エネ電気の社会的ニーズの高まりにこたえ、再エネ設備の導入・拡大へ貢献。
- 燃料電池自動車（FCV）や電気自動車（EV）などの低公害・低燃費車量を導入。排気ガスを出さないゼロエミッション車（ZEV）により環境負荷を低減し、水素社会の実現にも貢献。

テーマ２「資源管理：資源を一切ムダにしない」

- 「みんなのメダルプロジェクト」、約5,000個のメダルを国民の使用済み小型家電からつくる。これにより都市に眠る金属「都市鉱山」を活用する循環型社会づくり貢献。
- 「日本の木材活用リレー」、63自治体から借り受けた木材で選手村の施設を建設し、大会後に木材を各地で再利用。林業再生や森林保全に貢献するとともに、再利用により環境負荷を低減する。
- 「みんなの表彰台プロジェクト」、家庭から出るプラスチック等を集めて表彰台をつくる。使い捨てプラスチック活用の新しいモデルを国内外に発信。
- その他、調達物品の99％リユース・リサイクルや運営時廃棄物の65％リユース・リサイクルを目指している。

テーマ３「大気・水・緑・生物多様性等：自然共生都市の実現」

- 新設競技会場においてろ過装置を導入し、水資源を有効利用。
- 既存の緑との連続性を踏まえ、気候や風土に適した樹木等により新たに緑化。豊かな生態系ネットワークを創出。

テーマ４「人権・労働・公正な事業慣行等：多様性の祝祭」

● 「Tokyo2020アクセシビリティ・ガイドライン」、障がいの有無等に関わらず、全ての人に対して会場までの一貫したアクセシビリティを確保。誰もが住みやすい施設・まちづくりを実現。

● 「ダイバーシティ＆インクルージョンの推進」、あらゆる差別・ハラスメントを受けることなく、世界中から訪れる多様な人々が、お互いの違いを認め合いながら、一緒に楽しめる大会を実現。

● 2018年には「持続可能性に配慮した調達コード」について「ベストプラクティス」を受賞。また2019年にはセクシャル・マイノリティへの取り組みを評価する「PRIDE指標」においてゴールドを受賞。

テーマ５「参加・協働、情報発信：パートナーシップによる大会づくり」

● 国際機関と連携したSDGsの啓発やディーセントワーク（働き外のある人間らしい仕事）を推進。

● その他、聖火リレーのトーチに東日本大震災の復興仮設住宅のアルミを再生利用したり、ユニフォームにも再生ポリエステル材や植物由来材を使用し、資源の循環、様々な年代、性別、国籍の方々が快適に活動できるよう配慮。

　　また、このような活動については東京2020の関係者だけで行うのではなく、市民やスポンサー等に広く参加と協働を呼びかけ、広範な運動として取り組んでいるところである。このような広がりを持つ取組み方自体がSDGs達成に貢献していくものと考えている。

　　これらの活動を整理すると、「Be better, together より良い未来へ、ともに進もう。」という取組み全体が、東京2020が開催されることに因んで、積極的にSDGsに寄与できることを検討し実施するもの

と言うことができる。一方テーマ1、2、3や調達コード等の活動は、メガスポーツイベントが不可避的に引き起こしてしまう環境、社会、経済に対する負の影響を軽減することに役立つと同時にプラスのイメージを生み出すことに寄与していると言える。

提供：公益財団法人東京オリンピック・パラリンピック競技大会組織委員会

図1　東京2020大会の持続可能性コンセプトの概要

3. RWC2019およびWMG2021とSDGs

2019年に実施されたRWC2019は、ラグビー日本代表の目覚ましい活躍や、参加チームによる災害ボランティア活動、さらには世界から日本に訪れた観客が「ワン・チーム」として大会を盛り上げ、大きな感動を日本中にもたらした。

このラグビーワールドカップの主催団体であるワールドラグビーも以前からSDGs達成に向けた活動を行っている。2003年には国連ワールドフードプログラム（WFP）とパートナーシップを組み、「タックル・ハンガー」、飢餓に立ち向かおうキャンペーンに取り組んでいる。ラグビーワールドカップ2015イングランド大会ではこのキャンペーンに「100万食チャレンジ」という目標が創案され、飢餓撲滅活動のため募金活動が行われ、広告・ネットサイトを通じた周知やチケット購入時の寄付活動により、目標の100万食以上の寄付を達成することができた。

　続くRWC2019においては、ワールドラグビーはチャイルド・ファンド「パス・イット・バック」とパートナーシップを締結し活動を行っていた。このプログラムは、アジアの貧しい地域の数万人の子どもたちの生活を、ライフスキルとタグラグビーについてのカリキュラムで変えることを目指したものだ。チケット購入時に寄付を募る方式で、2019年9月のRWC2019開幕直前には、寄付額2百万英ポンド（約2億6千6百万円）を達成し、2万5千人以上の厳しい環境にいるアジアの子どもたちがラグビーを通じて人生を変える機会を得た[7]。

　このプログラムに関連して、2019年に日本ラグビーフットボール協会が主管として「チャイルドファンド パス・イット・バックカップ Delivered by DHL」が東京都府中市と大分県別府市にて開催された。ベトナム、ラオス、オーストラリアのアボリジニそして日本の中学生等が招待され、ラグビーを通じてSDGsを共に考える国際交流カリキュラムが実施された[8]。

　このような取組みは、RWC2019の本来のイベントの目的にプラスして加えられたものである。RWC2019が開催されることを契機としてSDGsに貢献することを目的としたプログラムが関係者間で

検討され、実施されたと見ることができる。

　さらに、現時点では 2021 年 5 月に実施が予定されている WMG2021 についても様々な SDGs 達成に向けての取組みがなされている。2018 年に発表された「TSUNAGU プログラム」や「国際協力機構関西センター（JICA 関西）との提携」は、間接的にではあるが、そのような取組みに該当するであろう。

1) TSUNAGU プログラム

　WMG2021 においてはレガシー基本構想が策定されているがその中では、生涯にわたって健康で生きがいに満ちたライフスタイルの実現を目指すことや、関西が多様性を有した世界観の拡大とグルーバルパートナーシップの強化などで貢献していくことなどを謳っている。またこの大会は、年齢、性別、能力や障がいの有無等に関係なく、個性に応じて様々な人が大会を通じて楽しみながら生きがいを持つことができる場を創出するインクルーシブな大会づくりをめざしている。このような WMG2021 のレガシー基本構想を具体化するための方策の一つが「TSUNAGU プログラム」で、これらの取組みは SDGs の目標と重なる部分があるとしている [9]。ちなみに、このプログラムへ登録すると、TSUNAGU プログラムのマークや、大会マスコット「スフラ」のイラストが使用できる。

図2　スフラ画像

2) 国際協力機構関西センター（JICA関西）との提携

　WMG2021組織委員会は、2018年に国際協力機構関西センター（JICA関西）と提携の覚書を締結した。その連携事項のひとつには「関西におけるSDGsと国際協力の推進」が掲げられている。

　2020年5月末現在で、TSUNAGUプロジェクトに登録されている事業は26の大会やイベントが紹介されている。これらの中には今般の災厄により中止や延期等がなされているものもあるが、このような活動を通じてSDGsに貢献していくものと考えられる。

4．まとめ

　本章ではメガスポーツイベントとSDGsの関係について、一つはイベントが行われることを契機としてSDGs達成に積極的に関与するという観点と、二つ目はイベントの持つマイナスの側面を持続可能性という点から見直すことによりSDGs達成に貢献していくという観点を提示し、それらを東京2020やRWC2019、WMG2021等の具体的事例を示しながら検討していった。

　アフターコロナの世界においてスポーツは益々市民の生活における重要なポジションを占めると筆者は考えている。環境や社会、経済に対して、メガスポーツイベントはより大きな影響を与えるものとなるだろうが、これらがSDGs達成にさらに貢献していくものとなることを信じ続けたい。

●注釈・引用文献等

1) 一般社団法人日本イベント産業振興協会人材育成委員会監修『イベント業務管理士公式テキスト2019年』UDジャパン, 2019

2) 以下の文章についても「イベント業務管理公式テキスト2019年」を参照した。

3) 東京オリンピック・パラリンピック競技大会組織委員会HPより、https://tokyo2020.org/ja/news/news-20191122-03-ja (2020年5月25日参照)

4) IOC HP「国連との協働」より、https://www.olympic.org/cooperation-with-the-un (2020年5月25日参照)

5) IOC HPより、
https://www.olympic.org/news/united-nations-resolution-recognises-the-importance-of-sport-for-sustainable-development (2020年5月25日参照)

6) 東京オリンピック・パラリンピック競技大会組織委員会HPより、https://gtimg.tokyo2020.org/image/upload/production/hrhifatupvi-ucv3yko8y.pdf (2020年5月25日参照)

7) チャイルド・ファンド・ジャパンHPより、
https://www.childfund.or.jp/blog/190912cpib (2020年5月31日参照)

8) チャイルドファンド・ジャパンHPより、
https://www.childfund.or.jp/activities/pib/ (2020年5月31日参照)

9) 関西SDGsプラットフォームHPより、
https://kansai-sdgs-platform.jp/cat_event_past/389/ (2020年5月31日参照)

●【キーワード】

メガスポーツイベント

東京2020オリンピック・パラリンピック競技大会

ラグビーワールドカップ 2019 日本大会
ワールドマスターズゲームズ 2021 関西大会

● 【図の引用元】
図1　東京 2020 大会の持続可能コンセプト
　　 https://tokyo2020.org/ja/games/sustainability/
図2　WMG2021 の大会マスコット「スフラ」
　　 https://wmg2021.jp/games/mascot.html

大学スポーツとSDGs

追手門学院大学 教育開発センター　　**江原　謙介**

1. はじめに

　大学スポーツを取り巻く環境は、近年急速な変化を遂げている。その背景として、2016年4月にスポーツ庁において「大学スポーツの振興に関する検討会議」が始まり、大学スポーツが持っている潜在力の活用方法が本格的に議論されるようになったことが挙げられる。

　2017年3月に発表された第2期スポーツ基本計画では、今後5年間に総合的かつ計画的に取り組む施策の一つとして大学スポーツの振興が盛り込また。その後、2018年7月に設置された「大学横断的かつ競技横断的統括組織（大学スポーツ協会（UNIVAS））設立準備委員会」における議論を経て、2019年3月に大学スポーツ振興の中心組織となる「大学スポーツ協会（以下：UNIVAS）」が設立され、2020年5月現在222の大学と34の競技団体が加盟している。

2. 大学スポーツとは

　大学は、教育研究機関としての知的資源はもとより、高い競技力を持つアスリートや優秀なスポーツ指導者などの貴重な人材が存在する。また、多くの大学において体育・スポーツ施設が整備されているなど、スポーツを通じた地域・社会の活性化の一端を担う重要な機関のひとつである (鈴木, 2020)。

　私たちは、メディアなどを通じて「大学スポーツ」という言葉を耳にするが、大学で行うスポーツ活動は広範にわたるため明確な定義が存在しない。一般的に、大学で行うスポーツといえば、正課授業の体育実技、課外活動の体育系部活動 (以下部活動) を指すことが多いであろう。

　特に、後者である部活動は、長年にわたり日本のスポーツ界に多大な貢献をもたらしてきた。競技面においては、オリンピック代表や日本代表など競技力の高い選手を多く輩出し、現役大学生が日本代表に選出され中心選手として活躍している競技もある。また、日本のプロスポーツを含むトップリーグに所属する選手は、競技によっては半数以上が大学出身の選手で構成されるなど、トップアスリートの育成に寄与してきた。

　さらには、大学での学びや部活動の経験を活かした学校教員の養成や専門性をもった指導者を育成する、あるいは、プロスポーツ組織や競技団体の運営を担う人材を輩出するなど、スポーツ界をささえる人材を数多く供給してきた。つまり、大学の部活動は、日本のスポーツ界の裾野を拡大していくうえで、大きな役割を果たしているといえるであろう。

　また、部活動は、学生にとってスポーツに打ち込む重要な機会であ

り、技術・体力の増進を図ることはもちろん、活動を通じてチームワークや縦横の人間関係を自然に学ぶことができる場でもある。これらの経験を通じて社会性や主体性を身につけた人材が社会に輩出されることで、日本の社会にも大きく貢献してきたのである。

　実際に、公益社団法人全国大学体育連合会が2015年に実施した「スポーツ・クラブ統括組織と学修支援・キャリア支援に関する調査」によると、大学がクラブ活動へ期待する効果として、運動部学生（＝部活動生）の人間的成長やリーダー養成が最も多く挙げられている。

　一方で、部活動以外にも大学スポーツと呼ばれるものは多く存在する。前述のUNIVASが想定する大学スポーツは「大学の教育、研究又は社会貢献の一環として行われる学生の競技スポーツ若しくはこれに類するものとして理事会で決定したスポーツをいう」と述べている。

　つまり、スポーツ系の学部やコースにおけるスポーツ科学やスポーツマネジメントといった学問としてのスポーツのみならず、大学が所有している施設を地域の住民やスポーツ団体に開放した総合型地域スポーツクラブの運営を通じたスポーツイベントやスポーツ関連講座もまた、大学スポーツの一環なのである。

　このように、大学スポーツは学内外で行う多様なスポーツを通じた活動を指しているため、それを取り巻く大学、学生、教職員、OB・OG、地域住民、競技団体、学生競技連盟、企業など多くのステークホルダーが存在する。大学スポーツが今後も持続可能なものとして、地域や社会の活性化の一端を担う役割を果たすには、ステークホルダーと常に向き合いながら取り組んでいく必要があり、多様なステークホルダー（みんな）のための持続可能な成長戦略を描く大学スポーツとSDGsは互いに親和性の高いコンテンツなのである。

　ここでは、大学スポーツを未来志向で多様なステークホルダーのた

めの成長戦略を描き、かつ大学スポーツ界で初めての組織体として活動している一般社団法人大学スポーツコンソーシアム KANSAI (以下 KCAA) と KCAA 学生部会の事例を取り上げ、大学スポーツと SDGs について考えていきたい。

┃ 3．大学スポーツ振興団体とスポーツ SDGs

　KCAA は、2018 年 4 月に関西を中心とした大学が参画し創設された。2020 年 5 月現在、正会員が 23 大学、賛助会員が 29 企業、パートナー会員が 7 団体の加盟がある。

　ビジョンとして、各大学がこれまで高等教育機関として積み重ね、蓄積してきた大学スポーツにかかわる英知を、健全なる大学スポーツの機能化のための「共通の財産」として分かちあいながら、様々な関係者とも連携して、さらなる大学スポーツの発展をめざすための「仕組み」を構築することを掲げている。大学スポーツの課題解決とさらなる発展を目指す仕組みとして、日本で初めての大学横断型の連合体組織・機構という形式をとっている。

　具体的には、ハブ (拠点) のような組織として様々な価値を創出し情報発信することで、競技団体・民間企業・地域社会との連携促進、参画者の拡大や橋渡し、自治体と各種団体の連携作りなど、関西の大学スポーツを盛り上げるための拠点としての役割を持っている (図 1)。

　KCAA は、「大学スポーツには今以上の価値がある」という確信をもとに、「一大学では解決しづらい課題に取り組む」という共通認識を持って活動が行われている。大学スポーツに関わる大学ならびに連携先となる組織・団体がネットワークを形成し連帯することで、大学ス

KCAA

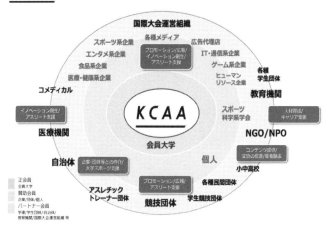

図1　KCAAの構成イメージ　（筆者一部修正）

ポーツに新しい価値が創造されるという考えをもっている。

　また、大学スポーツの現場の多くでは、「する」ことが偏重されてきたが、「する」「みる」「ささえる」の好循環が巻き起こることにより、これまでにない大学スポーツの価値を「つくる」ことにつながるという共通理解をもっている。**(図2)**

　KCAAはこれらの好循環を生み出すためのプラットフォームとして、以下の4つの柱をもとに事業を進めている。

(1)多様なステークホルダー間の連携・協力を促進するプラットフォーム形成

　KCAAの取り組みと方向性を、イベントへの出展やシンポジウムを開催することによって内外に発信し、KCAAの意義と存在についての周知活動に取り組んでいる。

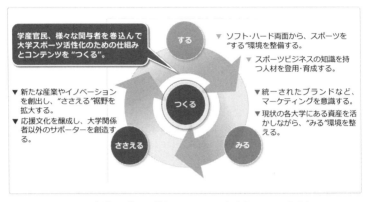

図2　大学スポーツ「する・みる・ささえる・つくる」
好循環イメージ（筆者一部修正）

(2)社会を牽引し、未来を託せる「人財」の育成

　大学スポーツに関わる学生が、これからの社会を牽引し、未来を託せる「人財」として育つような取り組みを行っている。具体的には、講演会や学習会や研修会などを通じて知見を深める、あるいは、学生に対し「KCAA 大学スポーツ奨励賞」を創設し表彰を行っている。

　特に、表彰制度は、大学スポーツの中でロールモデルとなる人財を表彰する制度であり、アスリートはもちろんアスリート以外の受賞もあり、「ささえる」「つくる」人財にもスポットライトが当てられている。

(3)大学スポーツの振興と発展に資するスポーツガバナンスの構築

　KCAA の構成メンバーには、弁護士も名を連ねており、スポーツ法学の専門家のアドバイスを受けながら、安心・安全な大学スポーツ推進の基盤整備を進めている。

⑷大学スポーツの社会的・事業的価値の向上

　主な取り組みとして、「応援促進プログラム」とアリーナ協議会受託事業「大学スポーツ振興ネットワーク化検討事業」がある。

　「応援促進プログラム」では、単なる大学間の試合ではなく、新たな付加価値を加えることを目指して取り組んでいる。学内資源を活用した大学間「対抗戦」を促進させ、学生・教職員・OB・OG・地域住民を巻き込んだスポーツ観戦や大学スポーツに触れる機会を創出する狙いがある。

　これまでの実績として、対抗戦の合間に地域住民参加型の複数のスポーツイベントを開催し、特に地域の子どもたちにスポーツをする機会を設けた。また、公式戦の出場機会に恵まれなかった4年生の引退試合を開催し、公式戦さながらの演出や応援が行われ、大いに盛り上がる結果となった。

　また、アリーナ協議会受託事業「大学スポーツ振興ネットワーク化検討事業」として学生を中心としたシンポジウム、セミナーなどが多く開催された。「大学スポーツについて考える」を主なテーマに、関西の正会員大学の学生を中心に行う、あるいは正会員大学以外の全国から学生も集めて行うなど様々な形式で行われた。この活動が礎となり、2020年2月にKCAA学生部会が設立された。

　KCAAは2年間の活動を経て、今後は現在の賛助会員、パートナー企業に加えて、新たな企業、自治体や地域との協働に取り組み、大学スポーツ振興に際して産学官民が共創するシステムの構築が必要となる。大学スポーツにこれまで関心が無く注目してこなかった多くの人々、組織に対して、大学スポーツが生み出す価値や育つ人財に関心をもってもらい、関係者が一体となってこれからの大学スポーツの「未来」を紡いでいけるように事業を進めていく（伊坂・斉藤,

2020)。KCAA は、これからの大学スポーツの未来に向けた持続可能な成長戦略を描いており、まさに、スポーツ SDGs を実践している連合体・組織体といえる。

4. 学生スポーツ団体とスポーツ SDGs

　KCAA 学生部会 (以下学生部会) は「Future First ！〜大学スポーツの未来をつくる、大学スポーツで未来をつくる〜」というビジョンを掲げている。ミッションは、「私たちは、学生、学生アスリート、学生マネジメントスタッフなどの活動を通じて、学びと楽しみに基づくつながりの場と機会をつくりだし、大学スポーツの社会的価値を持続的に向上させ、それぞれの今後の人生を実り豊かにすること」としている。

　学生部会のメンバーは、部活動に所属する選手や体育会本部や学生競技連盟に所属する学生、大学スポーツに今まで関わることが少なかったスポーツ関連分野のゼミ生やスポーツ関連の研究を行う学生、スポーツを通した社会貢献活動や学内プロジェクトを行う学生団体に所属する学生である。また、KCAA 会員校以外の学生組織や学生も意欲があれば自由に参画することが可能となっている。

　これまでの大学スポーツは、当事者となる部活動や体育会本部、学生競技連盟の学生で運営されることが多かったが、協働で活動する機会が少なかった体育会本部、学生競技連盟、部活動、学内プロジェクト、ゼミなどに所属する学生が集まり、連合体組織として活動するという特徴がある (**図 3**)。

　活動の 3 つの柱として①関西の学生アスリートや大学スポーツに主体的に関わる学生組織を横断的に結びつける②関西の大学や大学ス

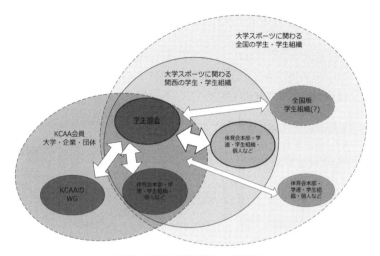

図3　KCAA学生部会　関係図

ポーツ組織 (KCAA) と学生の共同参画の場を創生する③関西から新たな英知を全国に発信し、他地域の学生組織との積極的な交流・情報交換を行うことを掲げ、「活動の３つの柱」ごとに部会が設置されている。

　学生部会の組織は、ディレクター（すべての活動を見る立場、部局横断型の活動の統括する）エキスパート（活動の３本柱を部局化し、各部局を専門的に統括）プロジェクトリーダー（事業ごとの開催責任者、様々な形の兼任も可）という役職者で構成されている。ディレクターは定期的に開催される KCAA 企画委員会（決定機関）に出席し、企画委員である教員や弁護士などと対等な立場で意見や提案を行っている。

　また、事業ごとにプロジェクトリーダーが配置され、プロジェクト

チームを形成している。プロジェクトは、事業内容によっては組織を横断することがあり、通年で行うプロジェクト、単発で行うプロジェクト、全員で行うプロジェクトなど形態も様々である。メンバーはプロジェクトを掛け持ちすることが可能であり、プロジェクト制と部会制の両輪をもった体制が採用されている。**(図4)**

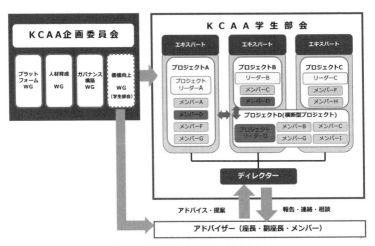

図4　KCAA学生部会　組織体制

　学生部会の活動は始まったばかりであるが、大学スポーツでこれまであまり融合することがなかった学生たちが、今までにない視点で大学スポーツからSDGs（持続可能な成長戦略）を多く発信し、新たな大学スポーツの可能性を切り開く「未来をつくる」活動につなげていくことを期待したい。

5. おわりに

これまで述べてきたように、大学スポーツは、スポーツ界のみならず社会にも汎用性の高い人材を多数輩出し、SDGs（持続可能な成長戦略）に取り組む地域や社会に相応に貢献してきたといえる。

大学スポーツに携わる人々がこれまでの貢献を自覚し、自分のため、社会のため、次世代のために取り組むことで、大学スポーツの社会的意義が高まり、今まで以上に持続可能なコンテンツとなるであろう。

最後に、大学スポーツに新たな価値を生み出すための基盤作りとして、2つの取り組みを提案したい。

1つ目は、大学スポーツの重要性について、大学のトップ層をはじめ大学関係者全体の理解醸成を図ることである。そのためには、大学スポーツが競技、教育、地域社会など各分野で取り組んでいる活動を常時発信していく必要がある。取り組みが可視化されることによってより理解が深まり、学内に応援者が増えることで、さらなる活性化が期待できる。

2つ目は、大学内のスポーツ活動全般について一定の知識・経験を有し、大学スポーツの事業開拓やブランド力の向上を推進する能力を有する高度専門人財である大学スポーツ・アドミニストレーター（SA）を学内に配置することである。導入している大学は限られているが、大学スポーツを戦略的に運営する司令塔としての役割が期待できる。

以上の取り組みを通して、大学スポーツは持続可能な成長戦略に基づいた新たな価値を生み出し、日本社会の未来に貢献できる存在となるであろう。

●参考文献

大学スポーツコンソーシアムKANSAI編『大学スポーツの新展開　日本版
　　NCAA創設と関西からの挑戦』晃洋書房, 2018

江原謙介・上田滋夢・峰尾恵人 (2020年2月) 大学スポーツの持続可能性に
　　関する一考察、日本スポーツマネジメント学会第12回大会研究発表抄録,
　　東海大学

伊坂忠夫, 斉藤富一「大学スポーツにおける大学横断的組織の役割」『IDE 現代
　　の高等教育』2020年5月号, IDE大学協会

一般社団法人大学スポーツ協会ホームページ設立概要Q&A：
　　https://www.mext.go.jp/sports/b_menu/sports/univas/
　　list/1410334.htm (2020年5月10日参照)

村上芽・渡辺珠子「SDGs入門」日経文庫, 2019

スポーツ審議会「第2期スポーツ基本計画 (答申)」スポーツ庁, 2017

鈴木大地「大学スポーツの振興と地域・社会の活性化」『IDE 現代の高等教育』
　　2020年5月号, IDE大学協会

●大学スポーツとSDGs　キーワード一覧表

・大学スポーツ
・大学スポーツの振興に関する検討会議
・第2期スポーツ基本計画
・大学スポーツ協会 (UNIVAS)
・総合型地域スポーツクラブ
・学生競技連盟
・ステークホルダー
・一般社団法人大学スポーツコンソーシアムKANSAI (KCAA)
・KCAA学生部会
・大学横断型の連合体組織・機構
・大学スポーツ振興ネットワーク化検討事業
・大学スポーツ・アドミニストレーター（SA）

スポーツSDGsと評価

独立行政法人日本スポーツ振興センター
　　　施設整備室　主幹　　　神谷　和義

　そもそも、スポーツ SDGs に関する取組について評価するという作業はどのような意味を持つのであろうか。スポーツ関係団体が行う SDGs の達成に向けた取組や社会貢献活動は、多くの場合、社会課題の解決や住民の健康維持のために寄与するような内容である。社会的に良いことを行うのであるから、ポジティブな影響を与えているとすれば、わざわざ手間やコストをかけてその結果を評価することを重視する必要はないかもしれない。またスポーツ関係団体の中には評価作業にコストをかける余力が十分でないところもあるだろうし、形式的に書類を作成して評価した形を見せるだけではあまり意味がないだろう。しかし一般論として、何らかの事業を行えば PDCA サイクルと言われるような事業評価はほぼ必ず付いて回るものと考えられている。今後のスポーツ SDGs に関する取組も評価とは無縁ではいられないのだろう。

　そこで本章では、スポーツ関係団体が SDGs 達成に向けた取組の評

価を行う意義はどこにあるのかを考えたい。まず SDGs に関して国連
など国際レベルでの SDGs 評価の仕組みと日本政府の取組を概観し
た上で、スポーツ SDGs に関連する評価の取組事例を紹介し、今後の
スポーツ SDGs に関する評価の方向性を提示したい。

1．国際レベルの SDGs に関する評価

⑴国連による SDGs のフォローアップ

①フォローアップの枠組みとグローバル指標の設定

　SDGs のフォローアップについては、2015 年 9 月に国連で採択
された「持続可能な開発のための 2030 アジェンダ」（以下「2030 ア
ジェンダ」という。）においてあらかじめ明確に示されている。2030
アジェンダの項目 4.7 には、SDGs の実行は各国政府が国、地域、世
界レベルでのフォローアップとレビューの第一義的な責任を有して
いること、国連は国民への説明責任を果たすために様々なレベルの体
系的なフォローアップとレビューを行うこと、そしてその際には国連
の総会及び経済社会理事会の下で開催される「ハイレベル政治フォー
ラム」が世界レベルのフォローアップとレビューを監督する主要な役
割を持つということが示されるとともに、項目 4.8 ではフォローアッ
プ活動を支援するための指標の整備の必要性に言及されている[1]。こ
の指標は 2030 アジェンダに基づき国連統計委員会で検討されるこ
ととなり、国連統計委員会や関連会合（「SDGs 指標に関する機関間専
門家グループ会合」等での議論を経て、2017 年 7 月の国連総会にお
いて、169 のターゲットに対応する全 244（重複を除くと 232）のグ
ローバル指標（Global Indicator）が承認された[2]。一例を示すと、例
えば目標 5「ジェンダー平等を達成し、すべての女性及び女児の能力

強化を行う」のターゲットのひとつである「5.5　政治、経済、公共分野でのあらゆるレベルの意思決定において、完全かつ効果的な女性の参画及び平等なリーダーシップの機会を確保する。」に対応するグローバル指標は、次の 2 つが設定されている。

5.5.1　国会及び地方議会において女性が占める議席の割合
5.5.2　管理職に占める女性の割合

これらの指標に関するデータを各国政府が示し、SDGs の進捗をレビューすることとなるが、各国の統計データの集約状況やグローバル指標に掲げられる指標と各国の政治経済状況などにより、すべての指標に網羅的に対応することは現実的ではないことから、可能なデータについて公表されているのが現状である。なお、我が国においては総務省の政策統括官（統計基準担当）が関係府省と協力し指標のとりまとめを行っており、公的統計に基づき公表可能なデータは外務省のホームページで公表されている[3]。

②国連「ハイレベル政治フォーラム」によるモニタリング

先述のとおり、世界レベルでの SDGs のモニタリングは国連の総会及び経済社会理事会の下に開催される「ハイレベル政治フォーラム」(High-level Political Forum ＝ HLPF) がその役割を果たしている。HLPF は、SDGs の達成状況や取組事例を報告・共有するため、総会の下で 4 年に 1 度開催される首脳級会合（SDGs サミット）と経済社会理事会の下で毎年開催される閣僚級会合の 2 種類があり、各国が自国の取組についてグローバルな場で自発的に報告する Voluntary National Reviews (VNRs) という仕組みが設けられている。日本は

2017年のHLPF（閣僚級会合）においてVNRsを行い日本の取組を発信するとともに、2019年には9月に開催されたHLPF（首脳級会合）「SDGsサミット2019」において安倍総理から、全閣僚を構成員としたSDGs推進本部を中心に「ジャパンSDGsアワード」や「SDGs未来都市」などの取組によりオールジャパンでSDGsを推進してきた実績や、「SDGs実施指針」を改定し日本の「SDGsモデル」を示すことなどが世界に発信された[4]。なお、SDGsサミット2019では、グテーレス国連事務総長が冒頭のスピーチで「SDGsの取組は進展しているものの、あるべき姿からは程遠い」として強い危機感を示し、2030年までをSDGs達成に向けた「行動の10年」とするため、グローバルな取組、ローカルな取組、人々の行動を呼びかけるなど、SDGsの達成に向けては国際レベルで取組のさらなる加速化が求められている。また、2020年7月のHLPFでは、新型コロナウイルス感染症（COVID-19）という地球規模の課題に直面している状況で、「COVID-19危機は、私たちをSDGsの達成から、さらに大きく引き離している」とのメッセージが発せられ、国際社会のさらなる連帯と取組の強化が求められている。

⑵民間団体によるSDGs達成状況の分析

　SDGsに関しては民間団体による国際的な達成状況の分析も行われている。ドイツのベルテルスマン財団と持続可能な開発ソリューション・ネットワーク（Sustainable Development Solutions Network＝SDSN）が毎年発表しているレポートは、独自の指標に基づき各国の達成状況を分析し、順位を公表している。2019年版のレポートによると、分析した162か国のうち上位は1位デンマーク、2位スウェーデン、3位フィンランドとヨーロッパ諸国が占めており、

日本は15位だった。全体の傾向として、気候変動や生物多様性に関わる目標13、14、15に関しては危機的な状況にあるとして警鐘を鳴らすとともに、貧困の根絶や人や国の平等に関しても引き続き課題があることが明らかにされている[5]。また日本に関する詳細なアセスメントによると、目標4「質の高い教育をみんなに」、目標9「産業と技術革新の基盤をつくろう」の評価は高かったが、目標5「ジェンダー平等を実現しよう」、目標12「つくる責任、つかう責任」、目標13「気候変動に具体的な対策を」、目標17「パートナーシップで目標を達成しよう」の4項目では取組が不十分という結果であり、改善度を評価する項目では目標10「人や国の不平等をなくそう」について大きく後退しているという評価であった[6]。

　また直近の2020年のレポートでは、コロナウイルス感染症の拡大による世界的な健康及び経済的危機により、SDGsが深刻な影響を受けていると評価されており、特に目標1、2、3、8、10に大きな負のインパクトを与えるなど、厳しい評価となっている。ベルテルスマン財団・SDSNによるアセスメントは、民間団体の評価でありながら、各国の取組状況が同じ指標によって比較可能であり、わかりやすい図表を用いるなど非常に理解しやすい報告書となっている。こうした評価も参考としながら、世界各国がそれぞれの課題と進捗状況を認識し、SDGsの達成に向けてさらなる努力を積み重ねていくことが期待されている。

2. 国内におけるSDGsの評価

(1)「SDGs実施指針」とSDGsの評価のあり方

　日本国内のSDGs推進体制は第4章に詳しく紹介されているが、全

閣僚を構成員とする持続可能な開発（SDGs）推進本部（本部長：内閣総理大臣）を中核として、我が国が2030アジェンダの実施にかかる重要な挑戦に取り組むための国家戦略として策定された「SDGs実施指針」（2016年12月）に基づき推進されている。また、広く国民や広範な関係者の意見を聞くため、行政、NGO、NPO、有識者、民間セクター、国際機関、各種団体等の関係者が集まり、意見交換を行う「持続可能な開発目標（SDGs）推進円卓会議」をSDGs推進本部の下に設置し、オールジャパン体制で取組が進められている。

　このような枠組みの中で、SDGsの達成に向けた取組の評価に関しては「SDGs実施指針」にSDGsの取組のフォローアップ及びレビューのあり方が示されているが[7]、「SDGs実施指針」全体が2019年12月に改定されており内容に変化がみられる。改定前後での記載内容を比較すると表1のとおりである。改定後の「SDGs実施指針」では、まず、取組の評価や指標の見直しにおいては可能な限り多くのステークホルダーの声を反映させる機会を設けるよう新たな仕組みを確立することとされた。また、達成度の把握に当たってはグローバル指標の活用を基本としつつ、ローカル指標の検討状況やグローバル課題とローカルの取組の双方向性への留意などの視点が新たに示されている。この「進捗評価体制の充実と透明性の確保」、「ローカルの視点」が示された背景には、SDGs推進円卓会議構成員有志が2019年9月にまとめた「持続可能な開発目標（SDGs）実施指針改定に向けた提言」を踏まえた議論があったと考えられる。この提言をまとめるにあたっては、改定を控えた「SDGs実施指針」の内容を広く国民の意見を踏まえたものとするべくSDGs推進円卓会議構成員有志の発案により「SDGs実施指針改定へ向けたステークホルダー会議」が開催され、参加者からは日本の実情に合わせた指標の必要性や地域の多様性を踏まえた自

表1 「SDGs実施指針」におけるフォローアップとレビューに関する記載内容

SDGs実施指針 (2016年12月)	SDGs実施指針改定版 (2019年12月)
6 フォローアップ・レビュー	6 フォローアップ・レビュー
我が国におけるSDGsの推進状況を的確に把握するために、今後、2030年までの間、統計データや地球観測データを積極的に活用する。また、KPI（重要業績指標）となる具体的な指標を可能な限り導入する。指標の導入に当たっては、グローバル指標の活用が適切である場合には積極的にグローバル指標を活用する。これらの指標に基づいて、本実施指針の取組状況の確認や指針の見直し（フォローアップ・レビュー）を実施し、その結果について適切な形で公表する。また、グローバル指標又は我が国が独自に定めた指標に基づいた国連への取組状況の報告も、適切に行う。さらに、フォローアップ・レビューにおいては、優先課題の下での個別の施策が、本指針において定められた実施の主要原則に沿って実施されているかどうかを確認する。 指針の見直しにおいては、今後の既存の施策の実施の進展に応じ、SDGsとの関連で適切と考えられる施策を新たに優先課題の下に積極的に位置づけていくこととする。 国連持続可能な開発のためのハイレベル政治フォーラム（HLPF）を通じた2030アジェンダのグローバルなフォローアップ・レビューに積極的に参加・貢献する。具体的には、HLPFの自発的レビューに2017年に参加するとともに、その後も、本実施指針の取組状況の確認や指針の見直しを行った後等の適切なタイミングを捉えて、積極的に参加することを検討していく。最初の取組状況の確認及び見直しは、2019年に開催される次回の首脳級のHLPFを見据え、2019年までを目処に実施し、また、その後も首脳級のHLPFのサイクルに合わせ、少なくとも4年ごとに取組状況の確認及び見直しを実施することを検討していく。 これらのフォローアップ・レビューに際しても、本実施指針の策定と同様に、広範なステークホルダーの参画の下に行う。	我が国におけるSDGsの推進状況を的確に把握し、着実に推進していくため、推進本部、幹事会、円卓会議において、実施指針及びアクションプランに基づく取組の進捗状況を定期的に確認し、必要に応じて見直しを行う。その際、ステークホルダー会議等、可能な限り多くのステークホルダーの声を反映させる機会を設けるよう新たな仕組みを可能な限り早く確立する。 SDGsの達成度を的確に把握するため、データに基づくグローバル指標を活用し、進捗結果を国内外に適切な形で公表する。また、海外および国内の研究機関等による評価、グローバル指標の検討・見直し状況、ローカル指標の検討状況等に留意し、進捗評価体制の充実と透明性の向上を図る。その際、グローバルな問題の地域への影響、またローカルな取組のグローバル展開の双方向について考慮する。各ステークホルダーの評価などを踏まえ、政府としても2030年の目標達成に向けてSDGsの進捗状況に関する評価を行い、進捗が遅れている課題を洗い出し、政策の見直しやステークホルダーの更なる参画促進を行うなど、2030年における国内外のSDGs達成を目指し取組を加速化する。国連持続可能な開発のためのハイレベル政治フォーラム（HLPF）を通じた2030アジェンダのグローバルなフォローアップ・レビューに積極的に参加・貢献する。HLPFにおける自発的国家レビュー（VNR）については、今後も適切なタイミングで定期的にレビューを実施する。地方自治体と連携し、ローカルレベルにおける自発的レビュー（VLR）の積極的な実施も後押しする。さらに、国連STIフォーラムの活用や国連が実施しているSTI for SDGsロードマップ策定への貢献も行う。 実施指針の見直しについては、国連のSDGサミットのサイクルに合わせ、引き続き少なくとも4年ごとに実施することとする。その際、本実施指針の改定と同様に、広範なステークホルダーの参画の下に見直しを行うこととする。

分ごと化・住民の参画といった意見が出された。そうした視点は日本が抱える課題に沿った目標設定や多様なステークホルダーの目標設定プロセスへの参加、毎年のレビュー体制の構築と市民への分かりやすい発信などとして提言にまとめられ、SDGs推進円卓会議で報告されている[8]。このような議論を通じて、国連のグローバル指標を基軸としながら、国・地域の独自性を視野に入れた評価や指標の確立という方向性が示されたのである。

⑵ SDGs グローバル指標と日本の進捗状況

　SDGs グローバル指標に関して日本国内の進捗状況を示す統計的なデータは、関係府省の協力の下で総務省政策統括官（統計基準担当）がとりまとめを行っており、その結果は SDGs に関連した取組を幅広く紹介しているサイト「JAPAN SDGs Action Platform」で公表されている[9]。指標の中には、国際的に合意されていないものや指標に対応する日本側のデータが存在しないものなどがあるため、可能なデータのみの公表ではあるが、169 のターゲットに対する日本の進捗状況が経年データによって確認することができる。例えば、ジェンダー平等に関する目標 5 のターゲットのうち、「5.5　政治、経済、公共分野でのあらゆるレベルの意思決定において、完全かつ効果的な女性の参画及び平等なリーダーシップの機会を確保する。」は、スポーツ団体においても積極的に取り組むべきターゲットの一つであるが、グローバル指標としては①国会及び地方議会において女性が占める議席の割合、②管理職に占める女性の割合の 2 つが設定されている。②の公表データを見ると、2010 年には 10.6％だったが年々漸増しており 2018 年には 14.9％となっており、少しずつ取組が進んでいることが読み取れる。このように、国民の誰もが SDGs に関する日本の取組

の進捗状況をデータで確認することができる体制が整えられている。

3. スポーツに関するSDGsと評価の実際

⑴「SDGs未来都市」における健康・スポーツ関連指標（KPI）

　「SDGs未来都市」は、内閣府が地方創生に向けた地方自治体の SDGs に関する取組を推進するため、優れた取組を提案する都市を選定し支援する事業として2018年度から始まった。地方自治体における SDGs 達成に向けた取組の推進は、「まち・ひと・しごと創生総合戦略 2017改訂版」や「SDGs アクションプラン 2018」における日本の SDGs モデルの方向性において位置付けられたものであり、2020年5月現在で60の地方自治体が「SDGs未来都市」として3か年の取組を具体化した SDGs 未来都市計画を策定している。また、「SDGs未来都市」選定後の計画に基づく取組の進捗評価は年度ごとに自治体 SDGs 推進評価・調査検討会において評価される仕組みとなっており、各都市は SDGs 未来都市等進捗評価シートによりターゲットに対応する指標（KPI）を設定し、フォローアップの結果として進捗状況や課題を整理・公表している[10]。2018年度選定都市の指標のうち、健康・スポーツ関連の指標を確認すると、健康寿命に関連する指標を設定している都市が多い。また、神奈川県の「『マイ ME-BYO カルテ』の利用者数（累計）」や徳島県上勝町の「ヘルスツーリズム受入数（年間）」のように、データ活用や観光産業などの社会経済的な側面から取り組む施策に関連する指標を設定している都市もある。その一方で、スポーツ活動に直接関連する指標を設定している都市は少なく、児童生徒の体力・運動能力の状況について評価をしている北海道のみであった（表2）。今後は、スポーツと SDGs をどのように地方自治体の課題

表2 SDGs未来都市における健康・スポーツ関連の指標（KPI）

自治体名	取組名	ターゲット	指標（KPI）	当初値	目標値
北海道	地域と未来を担う人づくり	4.6	児童生徒の体力・運動能力の状況（全国平均値を50とした場合の数値）	2017年3月 46.6〜49.3	2022年度 50
秋田県 仙北市	「温泉×健康」による持続可能なまちづくり	3.4	健康寿命	2016年3月 男78.96歳 女82.84歳	2030年3月 男78.96歳 女84.84歳
神奈川県	ヘルスケア・ニューフロンティアの推進	3.4	温泉利用者数	2017年度 789,000 人	2020年 839,000 人
		3.8 9.5	「マイME-BYOカルテ」の利用者数（累計）	2018年3月 50,000 人	2020年 1,000,000 人
富山市	市民生活：ヘルシー＆交流・ティの形成と質の高いライフ・ワークスタイルの確立	1.3 3.8 4.7 10.2 17.17	健康であると感じる市民の割合	2016年度 81.1 %	2020年度 86%
長野県		3.4 4.5 4.7 11.a 17.16 17.17	健康寿命	2013年 男性79.80年 女性84.32年	2030年 全国1位
静岡県	快適な健康長寿のまち・むらづくり	3.4	特定健診受診率	2014年度 52.5 %	2017年度 58.0 %
		3.4	健康寿命	2013年 男性79.80年 女性84.32年	2019年 男性79.80年 女性84.32年
静岡市	健康寿命75歳への延伸	3.4	互いに助け合う暮らしやすいまちだと思う市民の割合	2013年度 36%	2020年度 49 %
大阪府 堺市	子育てのまち堺・命のつながりへの挑戦	1.2 3.4	健康寿命の延伸	2015年 男性：78.14年 女性：82.26年	2030年 男性：80.54年 女性：84.56年
	泉北ニュータウンの再生の取組	1.2 3.4	健康寿命の延伸	2015年 男性：78.14年 女性：82.26年	2020年 男性：78.64年 女性：82.66年
		3.4	南区の健康寿命の延伸	2015年 男性：80.21年 女性：84.36年	2020年 男性：80.71年 女性：84.86年
岡山県	生活習慣病対策	3.4 3.8	生活習慣の改善に取り組んでいる人の数	2018年1月 4,996人	2020年 15,000 人
		3.4 3.8	自らの健康リスクを把握している人の割合（国保特定健診受診率）	2016年度 28.6 %	2020年 34.5 %
岡山市	「健康市民おかやま21」推進事業	3.4 3.8	生活習慣の改善に取り組んでいる人の数	2018年1月 4,996人	2020年 15,000 人
徳島県 上勝町	町の資源を活用した健康プログラム開発	3.4 8.9 15.2	ヘルスツール受入人数（年間）	2017年4月〜2018年3月 0人	2017年4月〜2019年3月 300人
		3.4 8.9 15.2	町の資源を活用した健康プログラム開発件数	〜2018年3月 0件	〜2019年3月 15件

（出典）内閣府地方創生推進事務局ホームページ「SDGs未来都市フォローアップ」に掲載されている2018年度選定都市の進捗評価シートより筆者作成。

解決に結びつけながら、どのような KPI を設定し評価していくのか議論を深めていくことが求められるのではないだろうか。

⑵公益財団法人日本サッカー協会における評価への取組

　公益財団法人日本サッカー協会（以下「JFA」という。）は、「サッカーを通じて豊かなスポーツ文化を創造し、人々の心身の健全な発達と社会の発展に貢献する。」という理念のもと、サッカーを通じた様々な社会貢献活動を積極的に行っている。その取組は我が国のスポーツ競技団体の中でも先進的であり、2009 年 7 月には国際連合が提唱する「国連グローバル・コンパクト」にスポーツ統括団体としては世界で初めて登録されるなど、2030 アジェンダと SDGs が国連で承認される以前からスポーツを通じた社会貢献に取り組んでいた。また、国内外の様々なステークホルダーとのネットワークを通じ、SDGs の達成にスポーツを通じて貢献していくことを宣言しており、2019 年 12 月に改定された「JFA 中期計画 2020-2023」においても SDGs 等を踏まえた社会貢献による新たな価値提供の方向性を示す [11] など、JFA 組織全体で取り組んでいる。

　この社会貢献活動の旗振り役として、2016 年 3 月に JFA 内部の専門委員会として社会貢献委員会を設置し、2018 年度から公式ウェブサイトで様々な情報を発信している。ホームページでは「多様性を大切にする」、「次世代の若者を育てる」、「住みやすいまちづくりにつなげる」などの柱に関わる各種の事業について、対応する SDGs のゴールとともに紹介されており、SDGs の達成が意識されていることが伺える [12]。このような積極的な情報発信は、組織のミッションを再確認し内部の意識統一を図る意味でも、また外部のステークホルダー（スポンサー、メディア、行政など）や JFA に加盟する団体や個人（選手、

指導者、審判員）とのコミュニケーションという意味で非常に重要であろう。こうした情報発信により、JFAの目指す方向を共有することにつながるからである。また、2020年9月には「JFA SDGs推進チーム」を設置するなどSDGsの達成に向けて取組を強化することとしている。

　一方、このような様々な取組が実際にどのように社会に貢献したのかという効果確認（評価）の視点も忘れてはならない。この評価に関連して、JFAでは2014年の「JFAグラスルーツ宣言」発表以降、その取組が現場で活動するする人たちの評価につながり、様々な団体からの理解を得やすくするためにどうしたらよいかを考え、検討を行ってきた。その中で、スポーツとスポーツへの参画（する、みる、ささえる）がどのような形で社会に貢献しているのか、スポーツへの関心の高まりや健康増進といった個人的な影響にとどまらず、社会的な影響の広がりと豊かなスポーツ文化の確立に至る流れを図1のようにイメージとして分かりやすくまとめている。

　また、事業や取組の社会的な効果や価値を見える化し有効性を評価する"社会的インパクト評価"について調査研究を行っており、2018年から2019年にかけて社会的インパクト・マネジメント・イニシアチブ共同事務局が取り組む社会的インパクト評価の「スポーツ」版の策定に社会貢献委員会の活動の一環として関わった[13]。社会的インパクト評価をスポーツに適用したこの評価ツールは、スポーツ（スポーツイベント）が与える身体・健康面の影響と社会的・精神的な影響を可視化し評価する手法のひとつであり、今後のスポーツやスポーツSDGsの取組の評価方法として参考になると思われる。「スポーツ」版の詳細は紙面の都合上ここでは省略するが、評価を行う上でのポイントを簡潔に述べるとすればロジック・モデルの作成とアウトカムの

図1　スポーツを通じた社会の発展のイメージ
（出典）公益財団法人日本サッカー協会ホームページ
　　　（https://www.jfa.jp/social_action_programme/news/00022156/）

測定であろう。ロジック・モデルとは、実施する事業が社会的にどのような成果を生み出すのか、単純なアウトプットだけでなくアウトカムを含めて実現に向けた道筋をあらかじめ想定し、事業の設計図として体系的に図示するものである（図2）。事業の設計図があれば、事業を実施した後に期待される効果が得られたのかどうか、得られなかったときにどこにその原因があるのかを振り返ることができるため、評価を行う上で重要である。また、アウトカムの測定は非常に難しい面もあるが、「スポーツ」版ではスポーツイベントのアウトカム指標と測定方法が具体的に例示さており、参考にすることができる。

今後は、この社会的インパクト評価ツールの「スポーツ」版が広く
スポーツの分野で活用されていくことが重要であり、実際にスポーツ
関係団体の現場で活用されていくのはこれからだと思われる。その意
味では、策定に関わった JFA がどのように活用しどのような成果が
発信されていくのか期待されるところである。また JFA は、本節の冒
頭で触れた「JFA 中期計画 2020-2023」に基づき、組織が目指す方
向性と各施策を整理しつつ、毎年度 KPI を設定し事業を評価していく
こととしている。スポーツを通じた SDGs の達成に積極的に取り組ん
でいる我が国のスポーツ競技団体の先進事例として、今後もその取組
に注目したい。

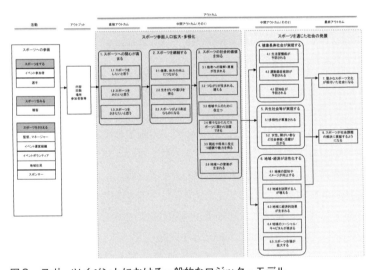

図2　スポーツイベントにおける一般的なロジック・モデル
出典：「社会的インパクトの評価ツールセット スポーツ Version1.0」（2019年6
　　月28日、社会的インパクト・マネジメント・イニシアチブ）P.6より引用

4．スポーツ SDGs と評価の意義

スポーツ SDGs に関する事業や取組を自らが評価することは、行った事業・取組の価値や社会への貢献を可視化し、より効果の高い活動につなげていくという意味で非常に大切である。スポーツが SDGs という抽象度の高い目標にどのように貢献したのかを整理するのは難易度の高い作業と思われるが、行っている事業・取組の目の前の結果だけでなく中長期的な社会への波及効果（影響）を射程に入れて、第三者にもその価値や意味が分かりやすく伝えることができれば、そこから共感の輪が広がり自らの組織に返ってくるものがあるだろう。それこそが評価を行う意義でもある。ただし、業績測定評価が導入されて久しい行政機関の評価においても指摘されているように [14]、単に PDCA を回すということを鵜呑みにして表面的な評価活動を行ったところで、手間ばかりかかって結果を十分に活かすことにつながらない。先述の社会的インパクト評価は、「単一または複合的な事業や取り組みの社会的な効果や価値に関する情報を可視化するもの」であり [15]、このような手法も参考としながら、スポーツ活動が社会にどのような影響を与えたか（SDGs の達成にどの程度貢献したか）を評価していく必要がある。

とはいえ、評価というと構えてしまうし、まずどこから手を付けていいのかなかなか難しい。そこで、評価を行うためにあらかじめ押さえておくべきと考えられるポイントを示すとすれば、次の 3 点である。

①何のために評価するか（Why）
②（評価結果を）誰に対して説明するか（Whom）
③どのような指標で評価するか（How）

特に①と②は密接に関連しており意識しておくことが大切だと考えられる。スポーツ関係団体を取り巻くステークホルダーは多様である。組織内部では組織の方針を決めるマネジメント層から現場のスタッフまで幅広く、当該団体に登録するメンバー（会員、選手、指導者、審判員など）も広い意味では組織内部のステークホルダーといえる。組織外部では、活動する上での資金的な支援者であるスポンサーや寄付者、団体の活動環境を規定する法令等の決定権を有している国や地方自治体などの行政機関は重要なステークホルダーであり、また広く一般の国民、地域住民も対象として考えることができる。これらのステークホルダーは、スポーツ関係団体の事業・取組についてそれぞれ異なる立場で注目しており、評価結果を一律に開示するのではなく、ステークホルダーごとに「何のために評価するのか（なぜその相手に評価結果を説明する必要があるのか）」を整理して、そのために必要な情報を提供していくことが求められる。そして、その結果、当該団体の活動に対する理解や共感が生まれ、財政的支援や連携協働の拡大、規制見直しなどによる活動環境の充実がもたらされれば、スポーツ関係団体にとっては次の事業・取組に向けた有形・無形の活動資源となって返ってくることとなる。この繰り返しが、スポーツを通じたSDGs達成への貢献や、当該団体のプレゼンスの向上につながっていくと考えられる。このような評価サイクルをモデル化したものが図3である。

　加えて、ポイントの③で示したように、スポーツSDGsの取組をどのような評価指標で評価していくか、指標の妥当性にも留意が必要である。行った事業・取組が与える中長期的な社会への影響を論理的に想定し、そのロジック上のどの段階の成果を測るための指標なのか、またその指標の選択は適切なのかを検討しておくことで、指標の持

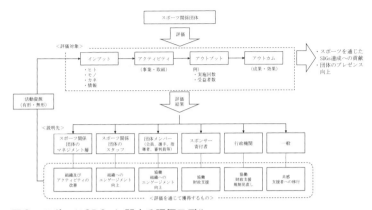

図3　スポーツ SDGs に関する評価モデル
（出所）筆者作成

つ意味が明確になると思われる。把握しやすい、入手しやすいからといって説明したい事柄と関係の薄い指標を安易に設定することがないよう注意が必要である。

　以上、本章では SDGs を取り巻くフォローアップの仕組とスポーツ SDGs の分野における評価の現状を紹介した。スポーツと SDGs という観点での評価活動はまさにこれから実践が重ねられていくという段階にある。今後、スポーツの統括団体から地域のスポーツクラブまで様々なスポーツ関係団体がスポーツ SDGs に取り組んでいくなかで、スポーツが SDGs にどのように貢献しているのか、スポーツの社会的価値とは何かについて、適切な"評価"を通じて可視化され認知されていくことにより、我が国のスポーツ SDGs の取組が 2030 年に向けて加速的に広がっていくことを期待したい。

●**参考文献**

1）「我々の世界を変革する：持続可能な開発のための2030アジェンダ」（日本語：外務省仮訳）：https://www.mofa.go.jp/mofaj/gaiko/oda/sdgs/pdf/000101402.pdf（2020年5月17日参照）

2）総務省ホームページ「持続可能な開発（SDGs）」：https://www.soumu.go.jp/toukei_toukatsu/index/kokusai/02toukatsu01_04000212.html（2020年5月17日参照）

3）外務省ホームページ「JAPAN SDGs Action Platform」（SDGsグローバル指標）：https://www.mofa.go.jp/mofaj/gaiko/oda/sdgs/statistics/index.html（2020年5月17日参照）

4）外務省ホームページ「JAPAN SDGs Action Platform」（国連ハイレベル政治フォーラム）：https://www.mofa.go.jp/mofaj/gaiko/oda/sdgs/pdf/sdgsummit19.pdf（2020年5月17日参照）

5）Bertelsmann Stiftung and Sustainable Development Solutions Network「SUSTAINABLE DEVELOPMENT REPORT 2019」：https://s3.amazonaws.com/sustainabledevelopment.report/2019/2019_sustainable_development_report.pdf ,pp. Ⅹ - Ⅺ（2020年5月17日参照）

6）Bertelsmann Stiftung and Sustainable Development Solutions Network「SUSTAINABLE DEVELOPMENT REPORT 2019」：https://s3.amazonaws.com/sustainabledevelopment.report/2019/2019_sustainable_development_report.pdf ,p.248（2020年5月17日参照）

7）首相官邸ホームページ「持続可能な開発目標（SDGs）推進本部」（持続可能な開発目標（SDGs）実施指針（本文）（平成28年12月22日ＳＤＧｓ推進本部決定））：http://www.kantei.go.jp/jp/singi/sdgs/dai 2 /siryou1.pdf（2020年5月17日参照）

8）首相官邸ホームページ「持続可能な開発目標（SDGs）推進円卓会議（第8回会合）」（配布資料 2）：http://www.kantei.go.jp/jp/singi/sdgs/en-takukaigi_dai 8 /siryou2.pdf（2020年5月17日参照）

9）外務省ホームページ「JAPAN SDGs Action Platform」（SDGsグローバル

指標）：https://www.mofa.go.jp/mofaj/gaiko/oda/sdgs/statistics/index.html (2020年5月17日参照)

10) 内閣府地方創生推進事務局ホームページ「SDGs未来都市のフォローアップ　」：https://www.kantei.go.jp/jp/singi/tiiki/kankyo/teian/sdgs_followup.html (2020年5月17日参照)

11) 公益財団法人日本サッカー協会ホームページ「JFA中期計画2020 - 2030」：https://www.jfa.jp/about_jfa/plan/JFA_plan2020_2023.pdf (2020年5月17日参照)

12) 公益財団法人日本サッカー協会ホームページ「社会貢献活動」：https://www.jfa.jp/social_action_programme/football_contribution/ (2020年5月17日参照)

13) 公益財団法人日本サッカー協会ホームページ「【CSR情報】スポーツの価値を社会にわかりやすく伝え、社会課題の解決に役立てる取り組み」(2019年7月30日)：https://www.jfa.jp/news/00022156/ (2020年5月17日参照)

14) 小野達也 (2016) . 自治体における業績測定型評価の現状と課題 - 20年を経過した都道府県の取組の点検結果から - . 日本評価研究, 16(1), 3 -16.

15) 社会的インパクト・マネジメント・イニシアチブホームページ「社会的インパクト評価とは」：http://www.impactmeasurement.jp/social_impact/evaluation (2020年6月7日参照)

執筆者紹介

はじめに
神谷　和義
（独立行政法人日本スポーツ振興センター
　施設整備室　主幹）

第1章
林　恒宏
（大正大学　地域創生学部　地域創生学科
　准教授）

第2章
藤森　梓
（大阪成蹊大学　経営学部　准教授）

第3章
神谷　和義
（独立行政法人日本スポーツ振興センター
　施設整備室　主幹）

第4章
吉田　綾
（外務省　国際協力局　地球規模課題総括課長）

第5章
庄子　博人
（同志社大学　スポーツ健康科学部　スポー
　ツ健康科学科　准教授）

第6章
勝又　晋
（独立行政法人国際協力機構　青年海外協
　力隊事務局　専任参事）

第7章
神谷　和義
（独立行政法人日本スポーツ振興センター
　施設整備室　主幹）

第8章
金谷　英信
（公益財団法人日本スポーツ協会　スポーツ
　プロモーション部　国際課　課長）

第9章
鈴木　順
（公益社団法人日本プロサッカーリーグ
　社会連携本部　本部長）

第10章
河野　宏
（浦和レッドダイヤモンズ株式会社　コーポ
　レート本部　課長）

第11章
岸　卓巨
（中央大学　客員研究員）

第12章
村田　真一
（静岡大学　地域創造学環　准教授）

第13章
林　恒宏
（大正大学　地域創生学部　地域創生学科
　准教授）

第14章
植田　真司
（大阪成蹊大学　経営学部　教授）

第15章
上田　滋夢
（追手門学院大学　大学院　現代社会文化研
　究科　教授）

第16章
田村　匡
（大阪成蹊大学　経営学部　教授）

第17章
江原　謙介
（追手門学院大学　教育開発センター）

第18章
神谷　和義
（独立行政法人日本スポーツ振興センター
　施設整備室　主幹）

スポーツ SDGs 概論

2020 年 10 月 31 日　初版第 1 刷発行

編　著　神谷 和義・林 恒宏
発行所　学術研究出版
〒670-0933　姫路市平野町 62
TEL. 079 (222) 5372　FAX. 079 (244) 1482
https://arpub.jp

印刷所　小野高速印刷株式会社

©Kazuyoshi Kamiya, Tsunehiro Hayashi 2020.
Printed in Japan.
ISBN978-4-910415-02-4